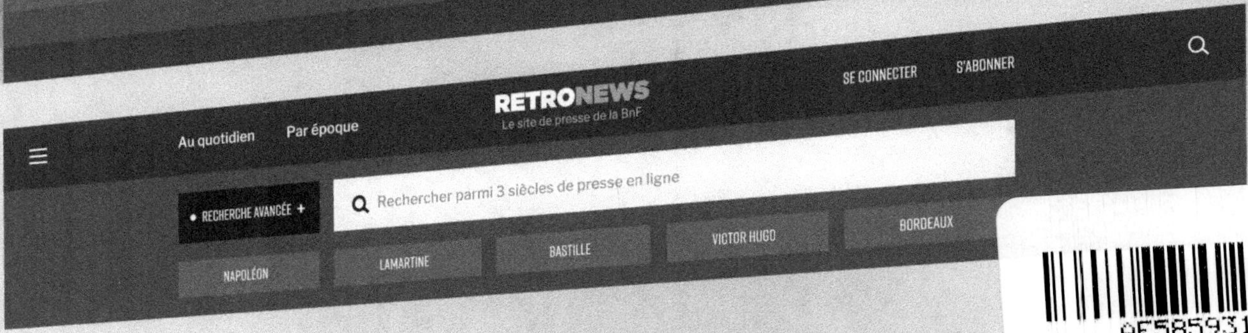

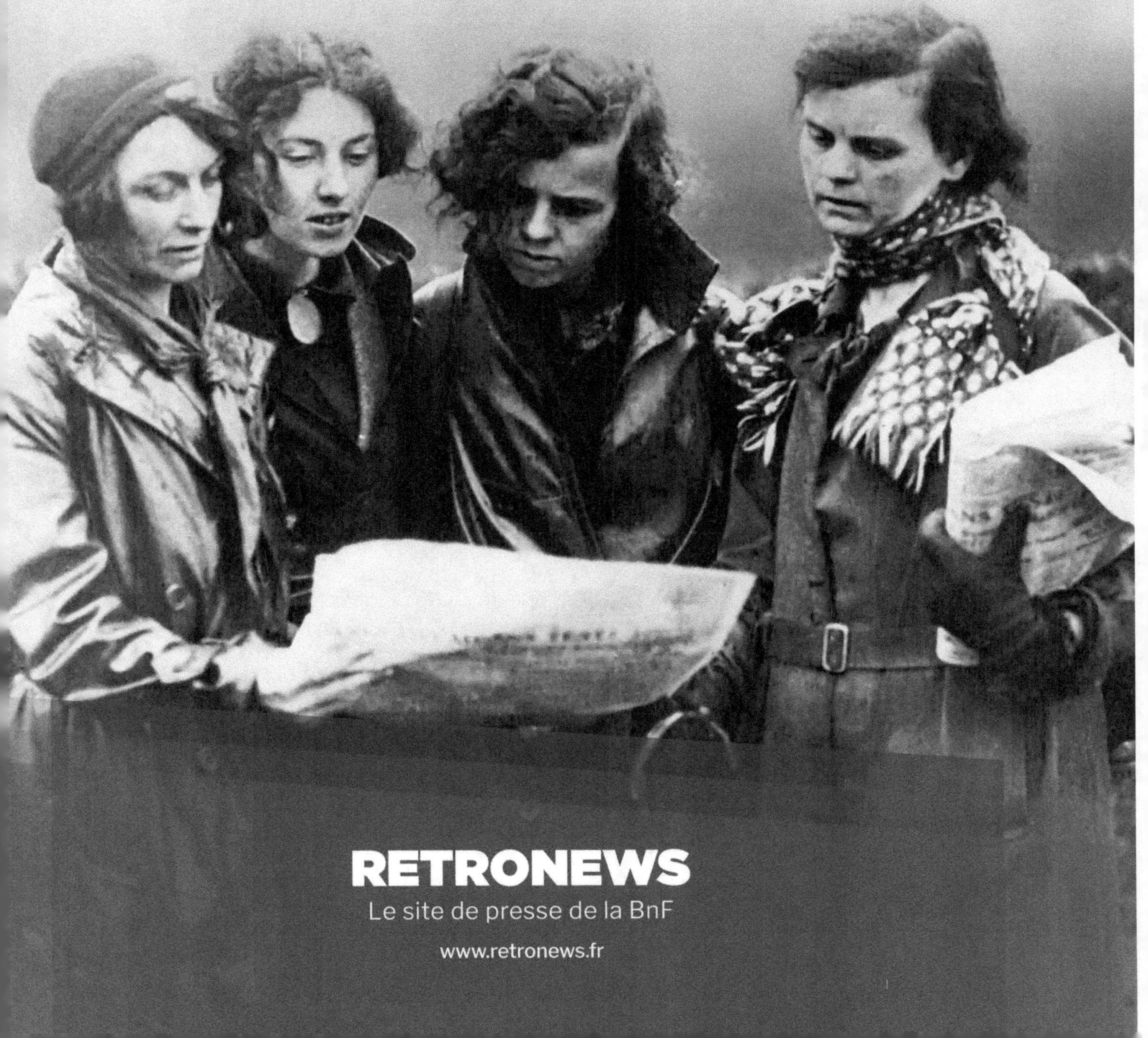

SOCIÉTÉ ROYALE

DES SCIENCES, LETTRES ET ARTS

DE NANCY.

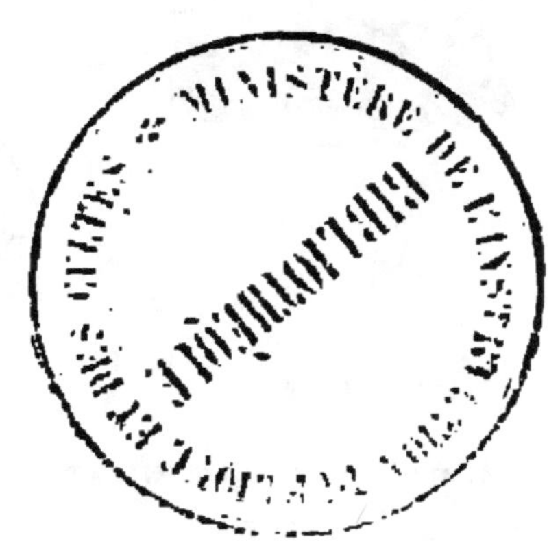

MÉMOIRES

DE LA

SOCIÉTÉ ROYALE

DES SCIENCES, LETTRES ET ARTS

DE NANCY.

1835.

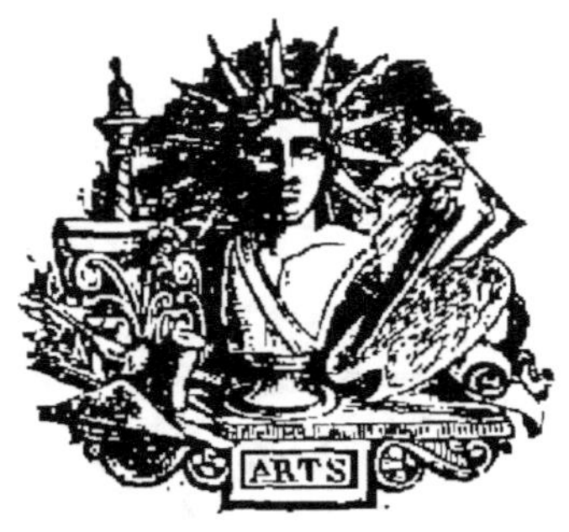

NANCY,

CHEZ V.e HISSETTE, IMPRIMEUR DE L'ACADÉMIE ET DE LA SOCIÉTÉ ROYALE DES SCIENCES, ETC.

1836.

MÉMOIRES

DE LA

SOCIÉTÉ ROYALE DES SCIENCES, LETTRES ET ARTS

DE NANCY.

SÉANCE PUBLIQUE DU 15 AVRIL 1836,

SOUS LA PRÉSIDENCE DE M. LE Mis DE VILLENEUVE-TRANS.

COMPTE-RENDU

DES TRAVAUX DE LA SOCIÉTÉ ROYALE,

DEPUIS LA DERNIÈRE SÉANCE PUBLIQUE,

PAR M. REGNEAULT.

MESSIEURS,

TOUTE Académie doit, à des intervalles rapprochés, coordonner ses matières; ainsi un botaniste prudent étiquette ses plantes, un bon minéralogiste case ses minéraux. Par cette sage mesure de son règlement, la succession annuelle du précis des travaux de l'Académie forme les pages non interrompues de son histoire scientifique et littéraire.

Énumérer et classer, reléguer dans les procès-verbaux la nomenclature d'une foule de détails, donner une idée très-succincte des travaux de l'Académie, tel est le but que nous allons chercher à atteindre le plus brièvement possible.

Si la multiplicité des envois qui ont été faits par les Sociétés académiques, nos émules, est une preuve flatteuse de leur estime, autant que de leur empressement à concourir aux progrès des lumières, nous devons certes nous féliciter de notre correspondance. Nous citerons, parmi ces nombreuses publications, celles de la *Société de physique et d'histoire naturelle de Genève*, le *Tableau minéralogique des roches des Vosges*, par M. Henri Hogard, de la Société d'émulation d'Épinal. Il faut espérer que de pareilles recherches s'achèveront pour chaque portion de la France et permettront ainsi d'exploiter toutes ses richesses territoriales.

M. Levallois, ingénieur en chef des mines, a fait hommage à l'Académie d'un excellent *Mémoire sur l'exploitation du sel gemme* dans notre département. Nous ne suivrons pas M. Levallois dans son exposé historique de la découverte, dans les détails du sondage, du percement des puits, dans l'explication des procédés ingénieux qu'il appela à son secours pour dompter la tendance envahissante des eaux. La compagnie des salines et mines de l'Est a concentré aujourd'hui toutes ses opérations dans la vaste usine de

Dieuze. Une partie du sel gemme est livré immédiatement au commerce sous le nom de sel égrugé; l'autre moins pure est employée à porter à la saturation les eaux de l'ancienne source.

M. Barthélemy, de Nancy, a présenté un petit appareil fort ingénieux pour piquer les dessins de broderie. L'essai de cette *Piqueuse* est très-curieux, vu la promptitude et la régularité de l'opération. Aussi l'Académie a-t-elle décerné une mention honorable à M. Barthélemy et à M. Claude, constructeur de l'instrument, pour avoir fait faire un progrès si utile à la broderie, dans une ville surtout où fleurit cette industrie.

Nous ajouterons à cette partie de notre nomenclature une *Nouvelle lorraine,* offerte par Mme Clémence Lalire, auteur de plusieurs ouvrages inédits, sur le point de paraître. Organe de l'auteur devant l'Académie, je me félicite d'être en ce moment celui de l'Académie près de l'auteur. Cet opuscule, qui a été entendu avec un vif intérêt, est empreint d'une belle couleur gothique. Le style en est hardi, palpitant de poésie et de drame. Cette nouvelle est précédée de réflexions sur la demeure dernière de nos ducs. On y trouve cette image remarquable : « à gauche, avant d'entrer dans la Chapelle Ronde, Gérard d'Alsace; à gauche en revenant, Léopold Ier, deux hommes que sept siècles ont séparés, et qui semblent rester unis par une chaîne de tombeaux........ » L'Académie espère que Mme Lalire, continuant à secouer la poussière des vieilles chroniques de Lorraine, ajoutera un nouveau fleuron à la gloire littéraire de cette province.

Un nouveau journal, l'*Instituteur et le Père de famille*, recueil contenant les lois, les ordonnances, les instructions ministérielles et autres documents relatifs à l'instruction primaire, a pris naissance sous les auspices d'une société de membres de l'Université, d'ecclésiastiques, d'instituteurs et d'institutrices. Ces feuilles mensuelles, dont le prix est très-modique, renferment une série de traités élémentaires sur les méthodes d'enseignement, la morale, les éléments des sciences. Ce journal ne peut manquer d'avoir les plus heureux résultats. Ses rédacteurs, en cherchant à répandre les connaissances utiles dans les trois départements, ont aperçu l'écueil qu'il fallait éviter. Instruisez-vous le plus possible, répètent-ils aux instituteurs des campagnes; mais n'oubliez pas que la modestie, la douceur sont les compagnes du vrai mérite, et que le ridicule suit toujours la jactance ignorante.

M. Gigault d'Olincourt publie également, à Bar-le-Duc, un journal (*le Père de famille*) plein de philanthropie, dont les conséquences bienfaisantes se feront sentir dans le département de la Meuse.

TRAVAUX DES MEMBRES CORRESPONDANTS.

Nous devons à M. Georges une quatrième édition de son *Art de lever les Plans*, ouvrage élémentaire très-propre à donner les premières notions de topographie;

A M. de Garaudé, un *Traité d'harmonie*, où il expose avec netteté les éléments de ce bel art;

A M. Girardin, plusieurs *Mémoires sur l'emploi des os broyés comme engrais, sur l'extraction et l'usage de la gélatine* qu'ils renferment;

A M. d'Hombres-Firmas, une *Note sur quelques végétaux qui croissent dans le département du Gard.*

M. Mathieu de Dombasle a adressé à la Société un *Mémoire sur le sucre indigène,* où il expose la situation actuelle de cette industrie en France et traite avec étendue de son avenir. Les méditations de l'agronome ont eu pour but d'éclairer une question qui devait soulever de graves débats.

Le docteur Leuret, dans une séance spéciale, a développé ses *Observations sur le cerveau de l'homme et des animaux*. Ses explications ont été faites avec cette logique et cette circonspection qui caractérisent la vraie science. M. Leuret se propose de publier prochainement ses recherches.

M. Collard, de Martigny, a lu en séance un *Mémoire* où il examine l'état de l'instruction publique en France; il propose des moyens de remédier à l'encombrement des diverses carrières, encombrement qu'il démontre par des aperçus numériques.

M. Richard, de la Société d'émulation des Vosges,

a fait part à l'Académie d'un Essai remarquable *sur les mœurs, coutumes et usages de l'ancienne Lorraine*. L'Académie, dont la première pensée est de recueillir tout ce qui se publie sur la Lorraine, remercie l'auteur d'avoir entrepris ce travail pénible.

Dans un extrait du 25.e volume de la Bibliothèque universelle des Voyages, M. ALBERT MONTÉMONT retrace la Vie aventureuse *de Mungo-Park*. Il décrit son activité infatigable, les obstacles qu'il rencontra le long du Niger, les secours inattendus que lui accorda une reine de ces contrées barbares, la fin tragique qui termina sa navigation.

Je ne dois pas omettre, parmi les œuvres de nos correspondants, le 4.e volume de l'*Histoire de France depuis la Restauration*, par M. Charles LACRETELLE, de l'Académie française. M. LACRETELLE s'arrête immédiatement après les trois journées de Juillet. La muse de l'histoire ne s'assied que sur les vieux tombeaux; il semble qu'il lui répugne de réveiller les souvenirs trop récents; aussi, pour achever une tâche aussi délicate, a-t-il fallu à M. LACRETELLE toute la hardiesse de son talent.

M. MOLLEVAUT, de l'Institut, a mis au jour le second volume de sa *Traduction en vers des Géorgiques de Virgile* et publié une seconde édition de ses *Pensées*.

Nous signalerons aussi un *Éloge du marquis de Courtivron*, une *Notice sur M.me Gardel*, une autre *sur le marquis de Thyard*, par M. AMANTON.

Le baron DU COETLOSQUET a envoyé plusieurs *Nouvelles*. Dans l'une d'elles, il retrace la vie passionnée du Tasse; dans une autre, il raconte comment Marguerite de Bavière vint recueillir à Naples, où elle avait régné, les restes de son malheureux fils Conradin et de son ami. Ailleurs ce sont les adieux d'un vieux curé de village à ses ouailles; la foi gardée d'une jeune femme à son mari revenant de croisade sous un habit de berger; ou la fille de Pharaon recueillant, au milieu des glaïeuls et des papyrus de la rive, le berçeau flottant de Moïse.

Enfin, M. CAIGNART DE SAULCY a communiqué une *Observation* précieuse pour les amateurs de la numismatique byzantine; nous citerons aussi les *Recherches* pleines d'érudition de M. BERGER DE XIVREY, *sur une inscription latine du second siècle*, trouvée à Bourbonne-les-Bains. D'une part, M. BERGER DE XIVREY, remontant de l'époque des Proconsuls romains dans les Gaules, nous fait traverser les temps gothiques et la série des seigneurs de Bourbonne; de l'autre, M. de SAULCY nous fait assister aux grandes et orageuses scènes de l'antique Constantinople.

TRAVAUX DES MEMBRES TITULAIRES.

Dans un nouveau *Prospectus* concernant l'utile établissement qu'il a fondé avec tant de zèle, M. PIROUX nous apprend qu'il existe, dans chacun des dix départements dont la ville de Nancy occupe le centre, environ 200 sourds-muets. Ce n'est donc pas seulement l'affreuse misère de ces innocentes créatures qui doit exciter notre compassion, mais c'est encore leur nombre véritablement prodigieux. L'abandon presque total dans lequel la société laisse languir les sourds-muets leur est, dit M. Piroux, mille fois plus dur que la privation dont la Providence, d'après ses mystérieux desseins, a cru devoir les frapper. La plus grande partie de cet intéressant prospectus est consacré à l'exposition de la méthode, de l'organisation et des conditions d'admission; et, en tête de la première page, on voit une jolie gravure représentant les deux faces du bâtiment qu'occupe le directeur avec ses élèves, et dont il vient de faire l'acquisition afin d'y réaliser de plus grandes améliorations. L'établissement des sourds-muets renferme actuellement 50 élèves des deux sexes.

M. l'abbé Gironde a lu à l'Académie un *Mémoire en faveur des frères de la Doctrine Chrétienne*. La destinée des frères, à laquelle un autre de nos collègues s'est activement intéressé, est devenue un sujet de haute importance. Plusieurs écrits ont été publiés pour en éclairer la discussion. Dans une question aussi délicate, l'Académie s'abstient d'émettre son avis.

M. Guerrier de Dumast a publié une brochure intitulée *Le Pour et le Contre sur la résurrection des Provinces*. Selon M. de Dumast, les préfectures, substituées aux provinces, forment un arrangement mécanique plutôt qu'organique. Les départements, fabriqués à coups de ciseaux, sont des fragments de territoire trop petits pour qu'il s'y trouve un esprit d'ensemble, gloire commune, liens historiques, nationalité secondaire. De là cette absence de vie, ce morne sommeil, cette désertion successive des sujets distingués, qui continuent bien à y naître, mais qui n'y restent plus. L'auteur propose des moyens pour concilier les deux systèmes. Cette question de la résurrection des anciennes provinces est une de ces thèses très-propres à la controverse et qui ont déjà exercé la sagacité des publicistes. M. de Dumast a eu pour but d'exposer franchement des idées d'amélioration qu'il croit possibles, et ce serait à tort qu'on voudrait trouver dans cette brochure une couleur politique particulière.

M. Guerrier de Dumast a ajouté à ces considérations sur les anciennes provinces une *Légende en vers, imitée de Grégoire de Tours*. Ce morceau de poésie présentait une grande difficulté : le poète a su conserver la naïveté du texte latin, en jetant quelques fleurs sur le tombeau de deux amants.

Si les membres correspondants, M. Berger de Xivrey et M. de Saulcy, ont, cette année, enrichi de leurs observations les collections archéologiques de l'Académie, M. Blau, parmi les membres résidents, vient de son côté de recueillir de précieux *Documents sur deux monuments géographiques que possède la bibliothèque de Nancy*. Ils consistent en un manuscrit de Ptolémée, sur vélin, avec atlas enluminé, qui date de 1427, et en un globe de vermeil, qui fut donné aux Tiercelins de Notre-Dame de Sion, en 1663, par Charles IV, duc de Lorraine. De nombreuses recherches ont précédé la rédaction de cette notice, remarquable par son érudition et par la netteté du style de l'auteur.

Un usage sacré s'est transmis d'âge en âge : je veux parler de l'éloge funèbre accordé aux hommes utiles qui ont laissé des traces de leur passage. Avant d'abandonner aux flammes du bûcher, de confier à la terre leurs mortels débris, ou lorsque leur vie n'est déjà plus qu'un souvenir, on aime à honorer la cendre des morts. De là, au sein des familles, lorsque la première douleur est calmée, ces longues énumérations de qualités et de vertus ; de là, dans les Sociétés savantes, cet usage immémorial de louer l'homme laborieux qui leur a été enlevé. C'est le cas où se trouve M. Lamoureux aîné dans son *Éloge du docteur Gaillardot,* naturaliste distingué, qui a doté Lunéville, sa ville natale, d'une illustration nouvelle. M. Lamoureux ne s'est point refusé à rendre son discours public. On y retrouve tout l'atticisme du profond helléniste joint à la variété des connaissances du géologue. Vous entendrez, Messieurs, ces regrets d'un ami pleurant un ami ; vous assisterez aux derniers instants d'un savant modeste, dont tout le mérite n'est point encore connu.

M. Mathieu a communiqué à l'Académie des *Observations sur un phénomène curieux qui se passe au Puy-de-Dôme.* Lorsqu'on suit la route d'Aurillac à Clermont, on voit souvent les nuages chassés par le vent dévier de leur direction primitive, tourner autour du cône, ramper le long de ses flancs, ou, s'ils passent au-dessus de sa cîme, s'incliner quand ils s'en approchent, puis se relever quand ils la quittent. M. Mathieu attribue ce jeu des nuages à la même force qui inclinait le pendule sous la main de la Condamine au Chimborazo, montagne creusée par les volcans et moins dense que le Puy-de-Dôme. Ainsi, cette force qui retient les astres dans leurs orbites et attache les pieds de l'homme à la terre, manifeste aussi son action sur les vapeurs légères qui flottent près des sommités de sa surface.

Il semblerait, d'après le soin qui a présidé aux collections de la Flore Française, qu'aucune omission n'ait pu échapper aux investigations de ses infatigables collaborateurs. Cependant, une modeste fleur, soit qu'elle ait été oubliée ou mal définie, ne figure pas dans cette nomenclature. M. Soyer-Willemet a rempli cette lacune. Il nomme cette fleur *Gnaphalium neglectum.* Cette nouvelle espèce française, du groupe des Filaginées, n'a été décrite nulle part. C'est un *Achariterium* de Cassini; c'est-à-dire que, comme le *Gnaphalium arvense,* elle a les fleurs ovales, et non coniques comme les *Xerotium,* ni réunies en gros paquets hérissés de pointes comme les *Impia.* Elle a des caractères suffisants pour la distinguer de toutes les espèces voisines. M. Soyer-Willemet a trouvé le *Gnaphalium neglectum*, en septembre 1834, dans les champs de Badonvillers, sur un terrain de grès bigarré où croissaient aussi les *Gnaphalium montanum, gallicum* et *germanicum*.

M. Soyer-Willemet, dont le zèle pour la science se manifeste avec tant d'activité dans la rédaction des travaux de la Société centrale d'agriculture, a aussi publié un *Rapport sur l'exposition de Fuchsia de M. Rudeau, jardinier à Nancy, et sur le peu de solidité des caractères qui servent de base à plusieurs espèces de ce genre*. Ce qui rend le semis de M. Rudeau extraordinaire, c'est qu'il obtint, au moyen d'un seul fruit du *Fuchsia globosa*, des individus se rapprochant de plusieurs espèces connues, telles que le *virgata*, le *coccinea*. Dans son étonnement, M. Soyer-Willemet déclara d'abord qu'il y avait erreur; mais un esprit de justice, joint à l'amour de la botanique, l'ayant ramené chez M. Rudeau, il reconnut la bonne foi de cet horticulteur, et demanda que la Société centrale confirmât la mention honorable qu'elle lui avait accordée.

M. Paul Laurent a présenté à l'Académie un *Mémoire sur l'action mécanique, souvent sensible, des animalcules répandus dans la matière*. Il s'attache, dans ce mémoire, à faire comprendre comment on a négligé jusqu'ici des forces infiniment petites, à la vérité, mais qui, répandues avec profusion dans la nature, ne peuvent manquer d'y développer une influence appréciable. M. Laurent cite la simple goutte d'eau examinée par Herschell au microscope solaire, et il appuie ensuite son assertion par une expérience. Il place dans un flacon de l'eau contenant une très-grande quantité de monades, au moins 800 millions; ce flacon n'est pas exactement rempli d'eau à sa partie supérieure, à laquelle est adapté un tube recourbé plongeant dans un autre flacon plein d'eau. Les monades n'ont point tardé, par leur propre force d'absorption, à faire monter le liquide du second vase dans le premier. Pour s'assurer que l'ascension totale de l'eau était due à la force vitale des monades, M. LAURENT a imaginé de les empoisonner brusquement par une dissolution de sulfate de cuivre. A l'instant même, l'ascension a été arrêtée. M. LAURENT pense que la multitude des molécules organiques répandues dans les vapeurs terrestres devrait être comptée pour quelque chose dans les phénomènes de l'atmosphère.

M. LAURENT a aussi donné le résultat de ses *Observations sur une nouvelle conferve*. Cette conferve oscillatoire, composée de cases transparentes juxtaposées, contient, dans chacune de ces cases, des grains verts disposés en spirale. A une certaine époque, ces grains quittent leur demeure par un véritable accouchement, et deviennent des animaux doués, un instant, d'une très-grande vitesse. Bientôt ils se ramassent en bloc, et de leur amas naissent de nouvelles conferves. Quelquefois ces animaux en spirale sortent par masse de la cellule, et vivent réunis en formant un animal multiple qui a les mêmes allures que chacun d'eux lorsqu'il est en liberté.

Ce mémoire a été suivi d'un autre sur le *Développe-*

ment, dans l'eau, de la racine du Narcissus Tazetta et de l'oignon ordinaire. L'examen microscopique de cette racine a conduit M. LAURENT à des résultats si extraordinaires, qu'il a été plus de six semaines sans parler à personne de ce qu'il avait aperçu. Enfin, après quatre mois d'expériences consécutives et qui toutes lui ont montré les mêmes circonstances, M. LAURENT affirme les faits suivants, sur lesquels il appelle l'attention des physiologistes. L'extrémité de la spongiole présente à l'œil armé d'une faible loupe une apparence granuleuse ; mais si l'on se sert de lentilles plus fortes, on ne tarde pas à reconnaître un mouvement parmi les grains inférieurs de la spongiole et au milieu des filets excessivement fins qui en sortent. Ces filets ne sont autre chose, en effet, que des oscillatoires pourvues ou dépourvues de boutons terminaux ou latéraux. M. LAURENT a remarqué en outre un nombre très-considérable de cloches de vorticelles pendues à la spongiole; mais il croit que ces cloches ne sont que des boutons d'oscillatoires épanouis. Les trémelles que M. LAURENT a examinées sur cette racine, ainsi que sur celle de l'oignon commun, de l'épicéa, du *Myosotis palustris*, de la lentille d'eau, etc., présentent à peu près les mêmes circonstances. Toutes ces oscillatoires se sont formées sous ses yeux par la faculté qu'ont certains infusoires, les Paramœcies, par exemple, de se joindre bout à bout en chapelet par leurs orifices terminaux et de constituer le ver le plus simple possible, ainsi que M. Gaillon de Dieppe et d'autres l'ont vu pour les animalcules de plusieurs oscillatoires, et de même aussi que M. LAURENT l'a reconnu pour une nouvelle conferve du genre *Rothella* de M. Gaillon. M. LAURENT a pu ensuite se convaincre par des observations minutieuses, que ces oscillatoires et ces paquets granuleux qui les accompagnent, finissent par faire portion intégrale du végétal; il a vu d'ailleurs ces trémelles se tourner sur elles-mêmes, et constituer, par des associations plus ou moins nombreuses, les vaisseaux et les trachées, tandis que les grains animés constituaient le tissu cellulaire. Il s'est assuré de la vérité de cette opinion en retrouvant les mêmes faits par la dissection des racines et aussi par leur macération dans l'eau. M. LAURENT remarque que des observations nouvelles indiquaient déjà, l'année dernière, que l'extrémité des racines produisait plus d'azote qu'aucune autre partie de la plante; et il doit en être ainsi, dit l'auteur, puisque les animalcules jouissent, à la spongiole, de la presque plénitude de leur existence. Telles sont les observations de M. LAURENT; il en conclut qu'on serait amené à considérer les végétaux comme des polypiers.

Ces laborieuses expériences n'ont point arrêté les pinceaux de M. LAURENT. Plusieurs tableaux ont été exposés par lui à la Société des amis des arts; et, pendant que l'hiver qui s'enfuit couvrait la terre de frimas, M. LAURENT, mêlant aux travaux du savant les souvenirs de l'artiste, s'est plu à reproduire dans un tableau, intitulé *Le départ pour les champs*, le paysage pittoresque de la vallée de St.-Amé, où il a placé son habitation d'été : continuant ainsi à surprendre la nature, non dans ses derniers mystères, mais dans ses formes apparentes et gracieuses.

Les instructions données récemment par une commission de l'Académie des sciences à l'État-Major de la Bonite, qui est chargée d'entreprendre un nouveau voyage autour du Globe, ont fourni à M. DE HALDAT l'occasion de rappeler l'opinion émise, il y a 24 ans, au sein de la Société, par feu l'abbé VAULTRIN sur les *Pierres météoriques*. L'existence des pierres tombées du ciel, avouée depuis long-temps par les peuples, repoussée au rang des fables par les savants, fut enfin établie d'une manière incontestable. Ne pouvant trouver leur origine dans l'atmosphère même, ni à sa limite inférieure, il fallut bien les faire venir des espaces planétaires. L'illustre auteur de la mécanique céleste avança qu'elles proviennent des éruptions volcaniques de la lune. L'abbé VAULTRIN, opposé à l'origine lunaire, considérait les aérolithes comme des satellites, invisibles à cause de leur petitesse et de la rapidité de leur course, tant qu'ils circulent au-delà de notre atmosphère, et visibles quand ils viennent à en traverser quelque partie, dont la matière gazeuse, comprimée avec rapidité par le corps, émet de la lumière, comme dans le briquet pneumatique sous le choc du piston. On a aussi expliqué, par de simples réactions chimiques, ces inflammations dans l'air. Or, M. Arago, en comparant les époques auxquelles ont eu lieu des chutes remarquables d'aérolithes, vient tout récemment de déduire des faits observés : qu'une quantité immense de corps opaques circulant dans l'espace, comme autant d'astéroïdes, viennent, dans leur révolution périodique, couper l'orbite de la terre à peu de distance du point de l'écliptique occupé par notre planète du 11 au 13 novembre, époque où, entrant dans l'océan atmosphérique, ils deviennent visibles par leur ignition.

Un fait nouveau cité par M. Arago est venu confirmer ses inductions. Ce météore, liant plus intimement encore la question des aérolithes à celle des étoiles filantes, a été observé dans le département de l'Ain, le 13 novembre 1835, et décrit par M. Millet d'Aubenton, ancien élève de l'École forestière.

M. de Haldat, après avoir discuté la question, termine sa notice en indiquant tous les éléments qu'il faut demander encore à l'expérience pour achever d'éclaircir ce problème de météorologie.

Une importante question de chimie appliquée à la physiologie animale a été traitée par un analyste trop justement renommé, pour que cette partie de notre travail n'en emprunte pas une sorte d'éclat et de puissant intérêt.

Le *Suc gastrique*, qui a donné lieu à tant de controverses depuis Spallanzani, a fixé dans ces derniers temps l'attention de très-habiles chimistes, et cependant on ne paraissait pas encore bien d'accord sur la composition de ce fluide. M. Blondlot, professeur suppléant à l'École de Médecine de Nancy, s'étant procuré de ce suc, en faisant avaler à des chiens à jeun des éponges qu'il retirait ensuite de l'estomac, s'était d'abord aperçu de sa propriété acide, et y avait reconnu la présence de l'acide hydrochlorique libre, qu'il considère, d'après plusieurs expériences, comme la partie active et essentielle de ce fluide, et qui y avait déjà été signalé par Prout, Tiedemann et Gmelin. Désirant voir lever tous les doutes sur un sujet aussi contesté, il remit à M. BRACONNOT une certaine quantité de suc gastrique, obtenu comme nous venons de le dire, en le priant de l'examiner.

Les opérations auxquelles s'est livré notre habile chimiste ne sont pas de nature à figurer ici; aussi nous hâterons-nous de passer aux conclusions du mémoire. Le suc gastrique, extrait de l'estomac des chiens, contenait

de l'acide hydrochlorique libre en quantité suffisante,
de l'hydrochlorate d'ammoniaque,
du chlorure de sodium en assez grande quantité,
du chlorure de calcium, de fer, de magnésium,
des traces de chlorure de potassium.

J'omets les autres substances, comme ne renfermant plus le principe dominant. Ainsi l'estomac, lorsqu'il est stimulé par les aliments ou des corps étrangers, a la propriété remarquable de secréter une grande quantité d'acide hydrochlorique libre; ce qui prouve que Spallanzani avait raison d'attribuer au suc gastrique des propriétés antiseptiques et dissolvantes.

M. Braconnot vient donc d'ajouter à la science un beau résultat, qui doit fixer l'attention des médecins.

CONCLUSION.

Tous ces mémoires des membres et des correspondants, tous ces ouvrages envoyés à l'Académie, ont été examinés par des commissions particulières et soumis à des rapports circonstanciés.

Nous exprimerons ici le regret de ne pouvoir entrer dans une analyse plus approfondie. Les limites du temps accordé à l'extrait du précis des travaux, qui doit être lu en séance publique, ne nous permettent point de nous étendre au-delà d'une simple nomenclature. Nous ne parlerons donc pas de l'exposition de tableaux des artistes de la Lorraine, féconde dans tous les temps en hommes remarquables, non plus que du musée d'industrie si bien alimenté par d'ingénieux constructeurs, par le zèle des fabricants de Nancy.

Le besoin de s'entendre, dans un siècle où l'élan imprimé aux connaissances se propage à la fois et avec tant de promptitude vers tous les points, a provoqué, sur une échelle plus grande, de savantes réunions. Là, des hommes connus depuis long-temps les uns des autres par leurs écrits se plaisent à se voir, à s'entendre pour la première fois, et se quittent pour reporter dans leur patrie de nouveaux éléments de travail. Le congrès scientifique de France aura lieu cette année à Blois. Tout nous fait espérer que bientôt

Nancy jouira du spectacle d'une de ces assemblées, et réunira ainsi, au milieu des beaux monuments qui attestent la munificence du bon roi Stanislas, ces modestes et studieux amis de la science, dont l'émulation concourt par un effort constant à soutenir la prééminence de notre glorieuse nation.

Cette tendance générale à l'étude a appelé l'attention du Gouvernement. Il a voulu dans sa sollicitude qu'une protection efficace vînt seconder de si louables efforts. Une circulaire du Ministre de l'Instruction publique à toutes les Sociétés littéraires et scientifiques de France, leur fait part de l'intérêt qu'il prend à leurs travaux et s'enquiert de leurs besoins. De nombreux ouvrages ont été envoyés par lui à la bibliothèque de cette ville. En outre, le Ministre promet à l'Académie de l'inscrire sur ses prochaines listes de distribution; et pour récompenser le zèle de plusieurs de ses membres qui s'occupent de recherches relatives à l'histoire de France, il lui a accordé 500 fr., afin qu'elle pût se procurer le recueil complet des historiens de France qu'elle ne possédait pas.

A ce témoignage flatteur s'en est joint un autre. La Société de statistique universelle, dans sa séance annuelle tenue le 4 juin à l'Hôtel-de-Ville de Paris, sous la présidence du duc de Montmorency, a décerné une médaille d'honneur en argent, grand module, à la Société Royale des Sciences, Lettres et Arts de Nancy, l'une des 12 désignées comme ayant le plus de droit à la reconnaissance que tout bon citoyen doit aux Sociétés utiles.

Parmi les résultats qu'elle a pu recueillir, l'Académie s'estime heureuse de l'acquisition qu'elle a faite de plusieurs membres correspondants. Ces membres nouveaux sont au nombre de huit: MM. André Deluc de Genève, Bouillet, Docteur, de Saulcy, Lair, Jullien, Quételet, Carmoly.

M. André Deluc a dignement hérité de l'illustration de son oncle. Son principal ouvrage est le *Passage des Alpes par Annibal*. Il a également publié plusieurs ouvrages de *météorologie* et même de *théologie*. M. Deluc a fait part à l'Académie de lettres inédites, adressées à son grand-père et écrites de la main du célèbre J.-Jacques Rousseau. M. Deluc possède à Genève un précieux cabinet d'histoire naturelle.

Les titres de M. Bouillet à la correspondance sont une *Description historique et scientifique de la Haute-Auvergne*.

M. Docteur est l'auteur d'un *Recueil de pensées philosophiques*. Son livre est fécond en aperçus ingénieux.

M. de Saulcy, ancien élève de l'École polytechnique, professeur-adjoint d'artillerie et de mécanique à l'École d'application de Metz, a fait de nombreuses *Recherches numismatiques*.

M. Lair, docteur en médecine, conseiller de préfecture à Caen et secrétaire de l'Académie de cette ville, est le fondateur de la première exposition industrielle qui se soit faite en France.

M. JULLIEN de Paris, directeur de l'ancienne *Revue Encyclopédique*, est l'auteur de l'*Emploi du temps*, du *Biomètre*.

M. QUÉTELET, secrétaire de l'Académie royale de Bruxelles, a donné à l'Académie des détails intéressants sur le magnétisme terrestre.

Enfin M. CARMOLY, Grand-Rabbin de Belgique, est auteur de plusieurs ouvrages de littérature hébraïque.

Si maintenant, Messieurs, vous cherchez à tirer une conclusion du rapport succinct que je viens d'avoir l'honneur de vous présenter, vous reconnaîtrez avec satisfaction que la Société Royale des Sciences, Lettres et Arts de Nancy n'a point démérité de son auguste fondateur.

Il nous reste encore un triste devoir à remplir. La mort a ravi à l'Académie M. le baron MALLARMÉ, ancien préfet, membre depuis 1802. M. MALLARMÉ trouvera sans doute, comme le docteur GAILLARDOT, une voix éloquente pour résumer sa vie.

Puisse l'Académie n'avoir pas souvent à déplorer de pareilles pertes; puisse-t-elle dignement les réparer!

ÉLOGE

DE M. GAILLARDOT,

DOCTEUR EN MÉDECINE, CHEVALIER DE LA LÉGION-D'HONNEUR, CORRESPONDANT DE LA SOCIÉTÉ ACADÉMIQUE DE NANCY ET DE PLUSIEURS AUTRES SOCIÉTÉS SAVANTES,

PAR M. LAMOUREUX AINÉ.

Non ha l'ottimo artista alcun concetto,
Ch'un marmo solo in se non circoscriva
Col suo soverchio, e solo a quello arriva
La man che obbedisce all' intelletto.

MICHELAGNOLO BUONARROTI. SONETTO. I.

Un seul bloc de marbre renferme, sous son enveloppe grossière, toutes les formes imaginables que peut concevoir l'excellent artiste; mais pour les mettre au jour, il faut la main docile aux vues du génie.

On a fait l'application de cette pensée de Michel-Ange aux chefs-d'œuvre de ce grand homme, tels que le sépulcre des Médicis, où les figures semblent être sorties vivantes du sein de la pierre qui les enveloppait. On peut en dire autant de toutes les découvertes illustres, et particulièrement de celles que nous devons aux études et aux travaux de Georges Cuvier. Dès que ce naturaliste a eu reconnu, par des observations multipliées et des raisonnements incontestables, que la croûte du globe terrestre doit renfermer les débris d'animaux innombrables qui ont vécu dans la suite des âges écoulés depuis la création; sa main obéissante aux conceptions de son génie a rassemblé une grande partie de ces débris, en a réuni les fragments épars, et rétabli les squelettes complets d'une foule de genres et d'espèces extraordinaires, dont personne avant lui n'avait eu la moindre connaissance. Cette admirable découverte, en étonnant les curieux qui vont contempler dans une vaste collection les traces de plusieurs mondes si différentes de celles que présentent les couches supérieures de notre globe, a fixé pour jamais les bases d'une science jusqu'alors incertaine, et souvent ridicule par l'absurdité des systèmes de tous les téméraires qui voulaient deviner la nature, au lieu de l'observer. Les vérités reconnues par cet autre Newton ont servi de règle a beaucoup d'hommes laborieux, dont les observations journalières étendent de plus en plus le domaine de la géognosie, confirment les principes de leur maître, et, loin de porter atteinte à sa gloire, ne font qu'en rehausser l'éclat.

Parmi ces dignes élèves, nous avons compté notre excellent confrère et associé, le docteur GAILLARDOT, qui tant de fois a enrichi nos Annales de mémoires et d'observations intéressantes sur la médecine et l'histoire naturelle. Il y a déjà plus de trente mois que la mort nous l'a ravi; mais l'état déplorable dans lequel nous l'avons vu languir, long-temps avant sa fin, m'a tellement contristé, que je n'ai pas eu le courage de rédiger plus tôt tout ce que je sais ou ce que j'ai pu apprendre de sa vie laborieuse et exemplaire. Cependant c'est un devoir sacré à remplir envers un ami ancien et constant, un confrère honorable, un savant dont les découvertes seules suffiraient pour illustrer sa ville natale, si elle n'avait pas tant de titres à la célébrité.

Lunéville, ancienne résidence des derniers ducs souverains de la Lorraine, successivement embellie, accrue et enrichie par les bienfaits de Léopold, de son fils François-Étienne, depuis empereur, et enfin de Stanislas, roi de Pologne, cultivait les lettres, les sciences et les arts, qui y fleurirent encore après la perte de ces princes. Le Corps Royal de la Gendarmerie de la Reine, composé de tout ce que la France avait de plus distingué par la naissance, et dont le plus simple cavalier avait l'éducation, le rang et le traitement d'officier, entretint dans cette ville le luxe, l'activité, le commerce et l'opulence nécessaires à la culture des beaux-arts.

Stanislas avait fondé un hôpital pour traiter tous ses sujets pauvres, affligés de la pierre. C'est-là que nous allions souvent au printemps ou à l'automne voir opérer les Saucerotte, les Castara et d'autres habiles chirurgiens attachés à la Gendarmerie.

Charles-Antoine Gaillardot est né le 8 novembre 1774 de Jean Gaillardot, chirurgien d'une compagnie de ce corps d'élite, et d'Élisabeth Radez qui, malgré son grand âge, est toujours inconsolable de la perte de son fils unique.

Gaillardot apprit au collége de Lunéville les langues anciennes, seule base d'une bonne instruction; langues sans lesquelles il est bien difficile de réussir dans les lettres, les sciences et les beaux-arts, et dont l'ignorance expose à tant de regrets et d'efforts impuissants ceux qui, malgré cette lacune, sont parvenus à s'élever au-dessus du commun.

Après la suppression de la Gendarmerie, le jeune Gaillardot accompagna son père nommé chirurgien-major d'un régiment en garnison à Montpellier. Sous un tel maître, et dans une ville où florissait une faculté de médecine de la plus haute distinction, il prit de bonne heure du goût pour un art qu'il était destiné à pratiquer.

Le père et le fils furent ensuite envoyés à l'armée de la Moselle; c'est à Saarbruck, où j'étais médecin d'un hôpital militaire, que je fis connaissance avec eux. Je rappelle cette circonstance, parce que, si Gaillardot m'a rendu depuis au centuple l'intérêt de l'instruction que je lui ai prêtée, je suis fier, je l'avoue, d'avoir secondé ses heureuses inclinations; mais hélas! j'y trouve un motif de plus pour regretter un ami, qui, dans l'ordre de la nature, était destiné à me survivre. J'avais obtenu d'un honnête administrateur une salle commode et presque élégante pour démontrer l'anatomie aux élèves de l'hôpital. M. Gaillardot, charmé de voir son fils à même de s'occuper utilement, me pria de le faire exercer par les dissections. Certes, on reconnut bientôt dans ce jeune homme cette activité, cette intelligence et cette adresse des mains qui dès-lors annonçaient des succès certains.

M. Percy, chirurgien en chef de l'armée, vint nous visiter et nous encouragea par sa présence à nos leçons.

Avant le retour du printemps, nous avions déjà parcouru les environs de cette jolie petite ville, où un prince, ami de la nature, avait établi de beaux parcs et des jardins pittoresques, enrichis de plantes, arbres et arbustes étrangers. J'admire encore, au bout de quarante ans, l'ardeur avec laquelle Gaillardot recherchait les moindres plantes, soit sur les collines sableuses, soit dans les champs cultivés, dans le fond des lacs ou le long des rochers escarpés qui les bordent. Rien n'échappait à son œil scrutateur. Je n'ai point été surpris, long-temps après, de lui voir manier si habilement le microscope, quand je me suis rappelé qu'il apercevait, à travers des fourrés de bois impénétrables, les végétaux les plus obscurs. Les belles houillères des environs de Saarbruck et les fabriques qu'elles entretenaient, fixèrent fortement son attention.

Mais pourquoi m'arrêter sur les premières études de sa jeunesse, tandis que je devrais vous présenter la longue liste des villes qu'il a parcourues en observateur intelligent, lorsqu'il fut employé successivement à l'armée des Alpes, au camp de Boulogne, à la campagne de l'armée de Mayence; à celle du Rhin en Suisse; à l'hôpital d'instruction de Lille en Flandre; à l'armée de St.-Domingue; à celle de Hanovre; à la grande armée, dans la dernière campagne de Moravie et de Pologne, 1806-7, et dans celle d'Autriche en 1809, où il fut nommé chevalier de la Légion-d'Honneur. Sachant occuper plus noblement ses loisirs que la plupart de ses confrères, il ne passait jamais dans une ville sans visiter les collections d'histoire naturelle, et faire connaissance avec les hommes de mérite. Au lieu de dissiper les fruits de ses économies en frivolités ou en jeux de hasard, ignoble occupation des gens désœuvrés, il achetait les minéraux rares et curieux qui devaient être les premiers fondements de son riche cabinet.

Son goût pour l'histoire naturelle lui fit désirer ardemment de partir avec l'expédition du général de Caen pour les Indes-Orientales. Mais ayant été trompé dans ses espérances, il fut en quelque sorte contraint de s'embarquer sur une frégate qui faisait voile pour St.-Domingue. Après avoir souffert mille maux, soit dans la traversée, par la grossièreté des hommes de ce temps, soit pendant son séjour, à cause de la fâcheuse position des Français dans ces parages de déplorable souvenir, il revint en France.

Les bornes de ce discours ne me permettent pas de vous donner même une analyse succincte du journal qu'il a redigé sur son voyage. Vous verriez avec quelle attention il a observé tout ce qui méritait de l'être, et avec quelle exactitude, quelle correction, il redigeait toutes ses notes. Les remarques qu'il a écrites, il y a trente-cinq ans, sur le sol de la Bretagne, prouvent qu'il était déjà très-expert en géognosie, et ne contiennent rien de contraire à ce qu'on enseigne aujourd'hui. Il décrit le mal de mer qu'il a éprouvé lui-même; il indique les causes de ce mal et les meilleurs moyens de soulagement. Il parle de tous les phénomènes physiques qu'offre la surface de la mer, des plantes et des animaux qu'il a vus dans les ondes; de l'histoire naturelle des îles; des mœurs et des coutumes; de la température et des maladies. Un mémoire sur la fièvre jaune présenté à la célèbre Académie de Gœttingue lui fit décerner le titre d'associé. On y voit qu'il apportait déjà dans la pratique de la médecine la perspicacité, la rectitude, la prudence, en un mot les qualités dont il s'était fait une habitude en observant la nature. Son journal, qui renferme à peine l'espace de deux années, ferait seul la matière d'un livre curieux et instructif.

Arrivé à Paris, après son voyage d'Amérique, il était déjà habile chirurgien, médecin expérimenté, et possédait, avant d'être docteur, toutes les connaissances qu'on n'acquiert pas toujours, même après avoir obtenu ce titre. Il est vrai qu'il avait subi, au Cap Français, en présence de tous les gens de l'art de la colonie, un examen qui lui valut le droit d'y pratiquer publiquement. Il profita de son séjour dans la Capitale pour prendre ses grades à la Faculté de médecine, soutint une thèse sur la Nostalgie, et partit pour le Hanovre.

Il est impossible de le suivre dans tous les déplacements qu'entraînait la marche des armées. Partout il persévéra dans le même ordre d'études et d'observations. Toutefois, je ne dois pas omettre un fait propre à montrer la justesse de son coup d'œil et la profondeur de son jugement. En septembre 1802, notant sur son journal la description du sol de Lunebourg qu'il comparait à celui de sa ville natale, il ajoutait ces mots : « Il est à espérer qu'un jour on

« rencontrera, dans les carrières de plâtre de Luné« ville, la magnésie boratée de Lunebourg. » Vingt-« six ans après, il découvrit effectivement, dans des tas de gypse destiné à la cuisson, ce minéral peu commun; non pas à la vérité en beaux cristaux cubiques ou dodécaèdres, comme ceux de Lunebourg, mais en petites taches blanches formées de rayons divergents. J'étais avec lui quand il remarqua ces taches, que je prenais de loin pour des éclaboussures de lait de chaux; il me prouva, par sa réponse, la justesse de la pensée du poète Toscan que j'ai cité :

« *L'imagination de l'artiste ne peut rien sans le* « *secours des sens exercés.* »

La modestie n'est pas toujours l'apanage des savants; mais c'était la vertu la plus saillante du docteur GAILLARDOT. Il la portait à l'extrême; au point que, dans la découverte dont il s'agit, il ne pensa pas à me dire, à moi son ami, qu'il l'avait prévue : et je ne l'ai appris que depuis sa mort par la communication de son journal. J'espère, Messieurs, que vous me pardonnerez la familiarité de cette explication, puisqu'elle tend à mettre dans tout son jour la beauté du caractère de cet homme rare.

Ce que je viens d'exposer, en rappelant quelques circonstances de sa vie, semble suffire à son éloge; mais ce n'est encore que le premier pas dans sa carrière. Il faut le présenter en sa qualité de médecin praticien dans une ville populeuse, universellement considéré, manquant quelquefois de temps et de force :

pour répondre à la confiance des grands et des petits qui attendaient de lui la santé, du soulagement ou des consolations. Il faut insister sur l'excellence de son cœur, le montrer comme ami sensible, délicat, franc et sûr, fils respectueux et reconnaissant, époux sage et fidèle, père tendre et indulgent sans faiblesse. Il faut surtout faire connaître les services qu'il a rendus à la science par ses travaux et ses découvertes.

Gaillardot ayant servi vingt ans dans la médecine militaire, et concevant, comme toute la France, un espoir de paix solide et durable, après les grands événements de 1810, demanda sa retraite, et l'obtint avec la pension due à son rang. Il était affecté au bras gauche d'une paralysie, à la suite d'une fièvre maligne qui lui était survenue à l'armée du Rhin. Les muscles de l'épaule pouvaient encore soulever le membre, et lui donner la faculté de soutenir les échantillons de roches qu'il cassait adroitement avec l'autre main.

De retour à Lunéville, il ne tarda pas à être recherché, non-seulement comme fils de maître, mais parce que la renommée de son savoir et de son expérience s'était répandue, et qu'il obtint d'abord de brillants succès par une pratique circonspecte, également éloignée de la routine aveugle et des innovations téméraires dont trop souvent les hommes paient chèrement les essais. Son goût pour l'histoire naturelle ne lui fit jamais négliger les devoirs de l'humanité. Quand il était en présence d'un malade, il semblait avoir tout oublié pour ne penser qu'à son devoir. Mais quand il obtenait quelques loisirs, il les consacrait à son étude favorite, sans négliger les écrits où il espérait puiser quelques lumières sur des points embarrassants de pratique médicale.

Un homme tel que GAILLARDOT devait avoir beaucoup d'amis, et il pouvait regarder comme amis tous ceux qui savaient l'apprécier. Sans sortir de cette enceinte, je puis trouver des garants de cette partie de son éloge : M. DE HALDAT, dont les riches collections de minéraux et d'instruments de physique lui donnaient un plaisir toujours nouveau quand il venait dans cette ville; M. SOYER-WILLEMET, avec lequel il entretenait une correspondance suivie sur la botanique; M. BRACONNOT, qui nous a lu si souvent ses analyses des pièces découvertes par GAILLARDOT, services dont celui-ci ne parlait jamais qu'avec reconnaissance; M. GUIBAL, qui, pendant un long séjour à Lunéville, a travaillé avec notre confrère, et fait les dessins des pièces envoyées à Cuvier et aux Annales des sciences naturelles. Je vois, Messieurs, par l'attention bienveillante avec laquelle vous m'écoutez, que vous approuvez la ressemblance du portrait de notre confrère. Les liaisons intimes, comme dit Cicéron, ne peuvent être nombreuses. Si le goût de l'instruction ou d'autres causes ont établi des communications entre GAILLARDOT et beaucoup d'hommes éclairés, une parfaite conformité d'inclinations, de mœurs et de science l'unit d'une étroite amitié avec un naturaliste qui honore au plus haut degré le département, théâtre de sa gloire. Vous avez ouï plus d'une fois dans cette salle les éloges décernés aux travaux de M. le docteur MOUGEOT, de Bruyères. On peut encore le louer absent, puisqu'un magistrat éclairé et éloquent, M. Siméon, qui présidait naguère la Séance publique de la Société d'émulation d'Épinal, lui a adressé des louanges, avec une délicatesse si bien ménagée, que cet homme modeste a pu les entendre sans rougir.

Ceux qui ont beaucoup voyagé savent avec quel plaisir on rencontre, dans les pays étrangers, des compatriotes estimables. Ce plaisir est encore plus vivement senti dans les armées par les fonctionnaires isolés, toujours ravis de se retrouver avec des hommes sur le visage desquels ils lisent pour ainsi dire leurs pensées. Gaillardot et Mougeot, passant par Strasbourg pour se rendre à l'armée du Rhin, se virent aux leçons du professeur Hermann. C'est-là que commencèrent à se former les nœuds d'une amitié que la mort n'a point rompus. Mougeot connaissait parfaitement la flore des Vosges et de l'Alsace. Gaillardot, assez habile botaniste, avait surtout approfondi la science des minéraux. Nos deux jeunes naturalistes firent ensemble la campagne de l'armée de Mayence en 1796. Ils traversèrent les montagnes de la Forêt-Noire, consacrant à l'étude des productions naturelles, de la géographie, des mœurs, des antiquités, tout le temps que leur laissait le service des ambulances. Mougeot, très-habile dans la langue allemande, traduisait pour son ami les écrivains de cette nation qui pouvaient lui être utiles. Les agréables souvenirs des bonnes et solides études de leur enfance assaisonnaient souvent leurs conversations. L'observation de la nature ne leur faisait point négliger ces précieux auteurs anciens, si supérieurs en tout genre; et les termes barbares des nomenclatures modernes n'avaient pas rendu leur goût et leur oreille insensibles au charme de l'harmonie grecque et latine. Ils savaient citer à propos des vers d'Horace ou de Virgile, qui renferment tant de grandes leçons de sagesse et de conduite. Heureux, si l'intérêt du service avait permis qu'ils ne fussent jamais séparés l'un de l'autre! Au reste, ces chagrins inévitables donnèrent plus de prix aux coups de fortune qui les réunissaient après une longue séparation. Retirés dans leurs villes natales, ils continuèrent à cultiver les heureux fruits d'une amitié si profitable à tous deux, et ne cessèrent de se communiquer leurs découvertes et leurs réflexions qu'au moment fatal où la parole et la main de Gaillardot refusèrent d'obéir à sa pensée.

Gaillardot naturellement gai a essuyé tant de malheurs, que, sans le secours de l'étude et de l'amitié, il aurait pu tomber dans la mélancolie. Une irremédiable enfance consumait son vénérable père, à la suite d'une attaque d'apoplexie. Plus il était attentif et empressé à lui donner de tendres soins, plus il souffrait en voyant cette perte de raison dans un vieillard auparavant si raisonnable.

A peine engagé dans un premier mariage qui le rendait heureux, il se vit ravir par la mort l'épouse qu'il affectionnait. Malgré toutes les consolations de son ami de Bruyères, il écrivait à celui-ci que, sans la crainte d'affliger les auteurs de sa vie, il retournerait sur les bords de la Baltique ou de la Méditerranée. Toutefois, il ne se laissa pas abattre par l'infortune.

Se proposant de décrire les plantes des environs de Lunéville, il se joignit à M. GUIBAL, et parcourut avec lui toute la campagne, afin de recueillir les végétaux de toute espèce que cette flore devait comprendre. Ils poussèrent leurs recherches jusque dans les Vosges, plusieurs fois et en divers temps. Ils eurent souvent le plaisir de visiter le docteur MOUGEOT, qui leur fut d'un grand secours pour spécifier les mousses, les lichens, les fougères et toutes les autres familles de la cryptogamie.

GAILLARDOT étudia avec un bon microscope l'organisation de ces végétaux et particulièrement des algues d'eau douce. Il dessinait lui-même en double les parties qu'il avait observées, et en envoyait une copie à l'ami de Bruyères, qui ne cessait d'admirer son adresse et son exactitude.

Après deux ans de veuvage, GAILLARDOT épousa Mlle de Schacken, petite-fille de M. le baron HENRI, premier président de la cour, et membre de notre Société. Personne de nous n'ignore que dans une longue carrière soit d'avocat, soit d'administrateur ou de juge, M. HENRI a mérité d'être qualifié *vir justus et tenax propositi*.

GAILLARDOT retrouva le bonheur dans cette union avec une personne bien née, soigneusement élevée, pieuse, et ornée de talents agréables.

Il eut un fils, qui étudie en médecine depuis quelques années, et dont l'esprit très-précoce annonça les heureuses dispositions. A dix ans il parlait latin; il apprenait avec une facilité étonnante les noms des pièces de l'immense collection de son père. Comme il paraît déterminé à suivre ses leçons et son exemple, nous espérons qu'il terminera et publiera les travaux précieux dont le cours a été interrompu par une mort prématurée.

Les observations microscopiques que Gaillardot poursuivit pendant plus de vingt ans, ne l'empêchèrent pas de s'occuper de la géognosie. Il n'est pas un seul point remarquable des Vosges qu'il n'ait exploré avec plusieurs de ses amis, surtout avec le plus intime, Mougeot, qui, selon les paroles de M. Siméon, pourrait être nommé l'*hôte des montagnes, tant il sait en faire les honneurs à tous venants*. Bruyères était un lieu de réunion où se rendaient les naturalistes zélés de la Lorraine et de l'Alsace : feu le professeur Nestler, de Strasbourg ; M. Voltz, ingénieur en chef de la même ville ; M. Périn, officier retiré à Lunéville, physicien et naturaliste, qui continue à recueillir tout ce qu'on a trouvé depuis le décès de notre confrère, et s'empresse, à son exemple, de partager les morceaux curieux avec les vrais connaisseurs. A Bruyères nous avons rencontré M. le capitaine Rozet, avec lequel nous avons visité les montagnes de Gérardmer, de la Bresse, du Grand-Valtin ; cet habile géologue préparait alors sa belle description d'un système de montagnes le plus instructif de tous, à cause de la grande variété des roches qu'on y rencontre dans des espaces peu étendus.

Gaillardot était en correspondance avec M. le chevalier de Léonhard. Dans son premier voyage d'Allemagne, il avait reçu de cet illustre professeur l'accueil gracieux et communicatif qu'on obtient sans difficulté de ses compatriotes véritablement amis de la science. Il lui envoya des produits du sol de Lunéville et acquit en échange la précieuse collection de Heidelberg, indispensable pour apprendre promptement et facilement la géognosie. GAILLARDOT avait reçu de MOUGEOT des roches du Kaiserstuhl; il les eut bientôt caractérisées et nommées, tant il avait d'habitude et d'expérience. Mais comme il ne manquait jamais de consulter les auteurs, il eut le plaisir de reconnaître la justesse des descriptions de M. de Saussure. Il en fut de même pour les échantillons que je lui rapportai d'Auvergne et du Puy en Vélay. Il savait distinguer les produits réellement volcaniques de ceux qui n'en ont que l'apparence. Il ne confondait pas nos trapps avec les basaltes, et se gardait bien d'attribuer une origine ignée aux eurites terreux amygdaloïdes, si communs dans les Vosges, sous le grès rouge ancien.

Des fragments de pierre noire recueillis par MOUGEOT sur la côte d'Essey, à quatre lieues et demie de Lunéville, parurent à GAILLARDOT de nature basaltique. Il se hâta d'aller visiter cette côte. Il avait remarqué, 25 ans auparavant, sur les rives du Danube, les cônes basaltiques du Wartenberg et du Hohenhœwen, qui surgissent au milieu des terrains keuperiens et jurassiques. Il reconnut l'analogie du cône d'Essey avec ceux-là et fit imprimer à ce sujet une dissertation connue (1).

Il a publié, dans les Annales des sciences naturelles,

---

(1) *Notice géologique sur la côte d'Essey*. Lunéville, Guibal, 1816. In-8.° de 19 p.

un *Mémoire sur les fossiles du grès bigarré*, avec des planches dessinées par M. Guibal (1).

Je ne vous rappellerai pas les autres ouvrages qu'il nous a adressés, parce qu'ils sont analysés dans les Précis des travaux de la Société (2).

Je me hâte d'en venir à la découverte qui lui fait le plus d'honneur et qui justifie l'épigraphe que j'ai citée, d'après un poëme de Michel-Ange. Si *l'imagination seule ne peut rien pour l'artiste sans être servie par une main habile et par des sens exercés*; à plus

---

(1) Tome VII (juillet 1826), page 286, planche 34.

(2) Voici la liste des Mémoires présentés par Gaillardot à l'Académie de Nancy, depuis sa réception, le 12 novembre 1818:

Notice géologique sur la côte d'Essey; Précis des travaux de 1816–18, p. 53.

Observation sur les trous de Gezainville, près de Gerbéviller; *Id. ib.*, p. 57.

Mémoire sur les boules calcaires de Laneuveville, près de Nancy; *Id.* 1819–23, p. 27.

Recherches sur les gypses des environs de Lunéville et sur les coquilles fossiles qui s'y rencontrent; *Id. ib.*, p. 31.

Notice sur les ossements fossiles des environs de Lunéville; *Id. ib.*, p. 40.

Recherches sur la houille dans le département de la Meurthe; *Id.* 1824-28, p. 43.

Mémoire sur le grès bigarré de Domptail; *Id. ib.*, p. 48.

Magnésie boratée, productions volcaniques, ossements fossiles; *Id. ib.*, p. 50.

Le dernier travail envoyé par Gaillardot est un *Mémoire sur les coprolithes de Lunéville*, dont il est fait mention dans le compte-rendu des travaux de deux années, lu en Séance publique, le 7 juillet 1833, par M. Guerrier de Dumast, p. 3.

forte raison le scrutateur de la nature ne peut rien voir, rien distinguer dans les œuvres du créateur, s'il ne possède les facultés qu'on n'acquiert que par l'étude, le temps et le travail. Un savant antiquaire de notre province (1), charmé d'avoir découvert, dans un champ près duquel il passait à cheval, une pierre nouvellement déterrée, portant une inscription romaine, exprime avec naïveté son contentement de lui-même, en disant : Un régiment tout entier venait d'y passer, et personne n'avait remarqué ce monument. Certes bien des milliers d'hommes avaient fouillé à Montmartre, avant que Georges Cuvier en eût extrait les énormes animaux qu'il a pour ainsi dire recréés. Les carrières des environs de Lunéville ont fourni aux constructions de ses anciens remparts, du Château-Royal et des nombreux édifices de cette ville étendue. Personne, avant notre laborieux confrère, ne se doutait qu'il marchât sur le plus ancien cimetière du globe, sur les ossements innombrables des êtres formés avant l'homme, au cinquième âge de la création. Le terrain de Lunéville est un de ceux que les Allemands, nos maîtres en géognosie, ont nommé Muschelkalk, c'est-à-dire, pierre à chaux remplie de coquilles. Gaillardot rassemblait avec soin les coquilles de ce terrain.

Une lecture attentive des écrits de Cuvier lui apprend qu'on peut y trouver des ossements. Effectivement il en obtient d'abord un seul. Il n'épargne ni démarches, ni argent, ni paroles persuasives pour exciter l'attention

---

(1) Le père Lebonnetier.

et le zèle des carriers. Dès ce moment les ossements que personne n'avait vus, se trouvent en grand nombre. *Les mains obéissent à l'intellect.* Les honnêtes ouvriers stimulés non-seulement par l'intérêt, mais encore par une louable curiosité, sans doute aussi pour obliger un médecin charitable qu'ils révéraient, apprennent à distinguer le mérite des fragments et fournissent au docteur Gaillardot une collection nombreuse de ces précieux débris. Dents et écailles de poissons extraordinaires; os de lézards gigantesques, d'immenses crocodiles, de tortues monstrueuses.... Cette foule d'animaux aquatiques offre encore un grand nombre de difficultés aux savants qui voudront continuer l'œuvre de Cuvier. La collection de Gaillardot bientôt connue par l'estime que lui témoigna publiquement l'immortel auteur des *Ossements fossiles*, ne tarda pas d'attirer à Lunéville une foule d'étrangers. Gaillardot fut visité par M. le baron de Férussac, M. Élie de Beaumont, M. le président et M. le secrétaire de la Société Royale de Londres, MM. Voltz et Levallois, ingénieurs des mines, et beaucoup d'autres savants. M. Agassiz, dont Cuvier appréciait tout le mérite, est venu dans ce sanctuaire de la nature, lorsque celui qui l'avait formé ne pouvait plus lui parler. Ce fut pourtant un moment de joie pour Gaillardot, parce qu'il put l'entendre, et que son fils, accompagnant l'illustre ichthyologue, apprit et retint avec sa facilité ordinaire les noms de plusieurs pièces qui avaient paru douteuses à son père.

Gaillardot ne travaillait que pour la science même,

et n'était guère accessible aux idées de la célébrité dont tant de gens médiocres sont avides; aussi n'avait-il point fait mystère de sa découverte. Son cabinet s'ouvrait à tout le monde. S'il en avait été plus jaloux, il aurait suivi le conseil que le médecin Redi donna à son ami Cestoni; *de ne le dire à personne, parce qu'il y a toujours de très-petits sujets qui se font beaux et braves des œuvres d'autrui et qui les débitent comme les fruits de leurs travaux.* N'entrons ici dans aucun détail. Sa découverte, dont il n'a pas cherché la gloire, lui demeurera en dépit de ceux qui ont tâché de la lui ravir.

Gaillardot, malgré sa paralysie du bras gauche, jouissait d'une bonne santé. Mais l'exercice de la médecine le fatiguait, surtout l'hiver; car il était très-sensible au froid. Celui de 1829 le fit beaucoup souffrir; et vers la fin de février 1830, ses forces physiques étaient considérablement diminuées. Il éprouvait déjà la crainte, malheureusement trop fondée, de ne pouvoir plus rédiger ses observations et réaliser bien des projets. Ses amis admiraient plus que jamais sa présence d'esprit dans toutes les discussions, et son immense érudition en médecine et en histoire naturelle. Bientôt le mouvement des extrémités inférieures devint aussi difficile que celui de la main. Au mois de mars 1831, il fut réduit à dicter ses lettres, qu'il signait encore, quoiqu'avec peine. L'embarras de s'exprimer vint se joindre à ses autres infirmités, et empira au point que personne ne fut plus en état de deviner ses pensées, excepté son admirable femme. Elle seule était encore *la main qui obéissait à une intelligence* parfaitement saine, mais ne conservant que les sens de la vue et de l'oreille propres à percevoir des idées, sans pouvoir les manifester. Pourquoi faut-il que je ne puisse décrire les scènes attendrissantes dont nous avons été témoins, et rapporter les actions les plus naturelles de cette digne épouse, sans que mes récits paraissent exagérés et mêlés de flatteries! Habituée à faire le charme de la bonne société par son esprit, son air gracieux, son affabilité et ses talents, elle avait altéré sa santé par les soins assidus donnés à sa famille. Quitter les plaisirs du monde pour ses enfants n'est pas un effort difficile à un mère. Mais la nécessité de négliger ceux-ci, pour s'occuper presque uniquement d'un époux, est un sacrifice pénible qui exige un grand courage. Les services dont il avait besoin étaient bien différents de ceux qu'on donne à un malade ordinaire. Il fallait surtout le garantir du dépit irritant de ne pouvoir se faire entendre; il fallait arriver à l'objet de sa pensée. Mme Gaillardot demeurait penchée et comme suspendue sur cette sorte de statue animée, pour deviner quelque sens par le moindre mouvement des lèvres. Elle observait tout avec autant d'attention que son mari en avait apporté précédemment, lorsqu'il étudiait à travers le cristal l'organisation de quelques animalcules.

Quand les douleurs de Gaillardot étaient moins insupportables, il passait le temps à lire ou à méditer. Il dicta encore d'assez longues lettres à son ami Mougeot jusqu'au dernier jour du mois d'août 1833. Dès ce moment, il devint impossible de le comprendre; et le 8 septembre suivant, après avoir été trente heures dans un assoupissement profond, il passa de cette vie inconstante et fragile à celle que la justice divine réserve aux hommes vertueux.

L'étude de la géognosie est tellement répandue aujourd'hui, qu'il n'est pas besoin de longs discours pour démontrer l'importance des découvertes du docteur Gaillardot. Puisque je ne parle qu'à des hommes éclairés, je me garderai bien de faire valoir l'utilité matérielle d'une telle science dans un siècle où la matière est regardée comme le souverain bien. Qu'importe après tout que le vulgaire grossier demande : A quoi donc cela sert-il?

La contemplation des chefs-d'œuvre du créateur a toujours été l'occupation favorite des hommes qui aiment et recherchent la vérité. Plus on fait de découvertes dans la nature, plus on se sent pénétré de cet esprit religieux, qui seul élève l'homme au-dessus des brutes dont il observe les mouvements.

Le confrère que nous regrettons admirait et cherchait à imiter les Linnée, les Haller, les Pascal, les Deluc, de Saussure, Cuvier et mille autres qui voyaient la puissance de Dieu aussi manifestée par les plus petits des êtres, que par ces animaux gigantesques sillonnant les mers dans les premiers âges du monde. Il avait le plus profond mépris pour les propagateurs de doctrines abjectes, qui se sont vainement agités dans l'intention scélérate de renverser les fondements sacrés de la morale et de la société humaine. Ce n'est plus avec des suppositions absurdes, des calculs extravagants, ou, ce qui est encore pis, avec de détestables bouffonneries, qu'on osera désormais élever des doutes sur l'authenticité du livre le plus ancien et le plus sublime qui soit entre les mains des hommes.

Cuvier a démontré jusqu'à l'évidence l'exactitude des faits exposés dans la Genèse. Il est impossible aujourd'hui de prendre une autre marche que celle de ce grand homme.

Le vertueux confrère dont je viens de vous entretenir a eu le bonheur et la sagesse de suivre un tel guide. Il a fait une découverte qui donne à sa ville natale un nouveau titre à la gloire, peut-être le seul genre d'illustration qui puisse survivre à tous ceux dont elle est décorée. On retient, avec une sorte d'indifférence ou de peine, les noms des lieux souillés par des batailles sanglantes ; mais ceux où l'on peut trouver perpétuellement des produits peu communs de la nature, rappellent à l'imagination des idées agréables et consolantes. S'il arrivait, ce qu'à Dieu ne plaise, qu'une catastrophe subite détruisît le magnifique château de nos bons princes, et la belle ville qui s'est agrandie par les effets de leur munificence ; le sol aride et nu attirerait encore des savants de toutes les parties du monde, et il n'y aurait pas une collection notable, où l'on ne fût jaloux de présenter une pièce étiquetée : Gaillardot et Lunéville.

NOTE.

Liste des Fossiles recueillis par le docteur GAILLARDOT *dans le grès bigarré, le muschelkalk et le keuper de la Lorraine,*

Rédigée par M. le docteur MOUGEOT.

DÉBRIS DE PLANTES.

A. Equisétacées.

Calamites arenaceus Brong.	Grès bigarré.
Mougeotii Brong.	*Id.*
Equisetites columnaris Bronn.	Keuper.

B. Fougères.

Anomopteris Mougeotii Brong.	Grès bigarré.
Nevropteris Voltzii Brong.	*Id.*
Gaillardoti Brong.	Muschelkalk.

C. Cycadées.

Le *Mantellia cylindrica* a été observé par GAILLARDOT dans le Lias et non dans le Muschelkalk.

D. Conifères.

Voltzia brevifolia Brong.	Grès bigarré.
rigida Brong.	*Id.*

DÉBRIS D'ANIMAUX.

A. Coralloïdes.

Stylolithes Kloeden (*Stængelkalk* Hausm).	Muschelkalk.

B. Radiaires.

Encrinites liliiformis Lam.	Muschelkalk.

C. Mollusques.

Lingula tenuissima Bronn.	Muschelkalk.
Terebratula vulgaris Schlott.	*Id.*
Ostrea (plusieurs espèces).	*Id.*

Pecten lævigatus Bronn.	Muschelkalk.
discites Bronn.	*Id.*
Plagiostoma striatum Voltz.	*Id.* et Grès b.
lineatum Voltz.	Muschelkalk.
Avicula socialis Bronn.	*Id.*
Mytilus eduliformis Schlott.	*Id.* et Grès b.
Myophoria vulgaris Bronn.	Muschelkalk.
curvirostris Bronn.	Grès bigarré.
Pes-anseris Bronn.	Muschelkalk.
Goldfussii Alberti.	*Id.*
Myacites elongatus Schlott.	*Id.*
Turbinites dubius Munst.	*Id.*
Turritellites scalatus Bronn.	Grès bigarré.
Nautilus bidorsatus Schlott.	Muschelkalk.
Ceratites nodosus de Haan.	*Id.*
bipartitus Gaill.	*Id.*
Natica Gaillardoti Lefroy.	*Id.* et Grès b.
Rhyncholithes Hirudo Bronn.	Muschelkalk.
Conchorhynchus avirostris Bronn.	*Id.*

D. Crustacés.

Pemphix Sueurii Meyer.	Muschelkalk.

Le fossile nommé par Gaillardot dans sa collection *Goneplace de Latreille* Desm., appartient probablement à quelque nouveau genre de poissons et non à la famille des crustacés.

E. Poissons.

Gyrolepis maximus Agass.	Muschelkalk.
Alberti Agass.	*Id.*
tenuistriatus Agass.	*Id.*
Saurichthys conideus Agass.	*Id.*
} deux autres espèces inédites.	*Id.*
Placodus gigas.	*Id.*
Nouveau genre voisin du *Holoptychus.*	*Id.*
Psammodus Elytra.	*Id.*
angustissimus.	*Id.*

Acrodus Gaillardoti.		Muschelkalk.
	une autre espèce.	*Id.*
Hybodus longiconus.		*Id.*
plicatilis.		*Id.*
obliquus.		*Id.*

F. Reptiles.

1. Sauriens.

Nothosaurus.	} trois espèces.	Muschelkalk.
Dracosaurus Bronnii Munst.		*Id.*
Conchyosaurus clavatus Mayer.		*Id.*
Phytosaurus.		*Id.*

2. Chéloniens.

Chelonia.	*Id.*
Trionix.	*Id.*

Nous avons dû réunir dans un seul tableau les restes organiques fossiles du grès bigarré, du muschelkalk et du keuper, parce que ces trois formations appartiennent à la même époque géologique et renferment toutes trois la majeure partie de ces fossiles; en outre, parce que c'est dans ces terrains que le docteur Gaillardot a plus particulièrement fait des découvertes importantes. Toutefois il n'avait pas négligé les restes organiques enfouis dans le lias; il est même le premier qui ait observé dans ce terrain des troncs d'une espèce de Cycadées, nommée par M. Ad. Brongniart *Mantellia cylindrica*, et indiquée par erreur dans le calcaire conchylien. Nous n'avons porté sur ce tableau que les objets déjà rigoureusement déterminés; il en reste plusieurs autres sur lesquels nous ne pouvons encore nous prononcer maintenant; de ce nombre sont beaucoup de mollusques; ainsi qu'un fragment osseux qui nous paraît appartenir à quelque poisson, fragment désigné par Gaillardot: « portion de carapace « du Goneplace de Latreille *Desm.* » On peut lire dans les Annales des sciences naturelles (cahier de janvier 1835, pag. 46 et suiv.), des observations sur les fossiles du calcaire conchylien de la Lorraine, extraites d'une lettre adressée aux rédacteurs, par M. Gaillardot fils, où ce dernier énumère succinctement les fossiles de la collection de son père, qu'il se propose de publier par la suite, et où se sont glissées quelques fautes de nomenclature que rectifie notre tableau. Nous devons à M. Agassiz d'avoir pu redresser ces erreurs et déterminer exactement plusieurs débris de poissons que feu Gaillardot avait réunis, sans avoir eu la satisfaction de les connaître; de ce nombre sont les espèces de *Saurichthys*, dont une mâchoire se trouvait enclavée avec des ossements de sauriens.

Les débris osseux de reptiles, même leurs excréments, nommés *coprolithes*, sont extrêmement nombreux dans le musée Gaillardot. Nous n'avons pu énumérer toutes les espèces de sauriens qu'il renferme, ayant dû nous contenter de signaler les genres auxquels ils peuvent appartenir; plus tard nous parviendrons à bien connaître toutes les espèces et même les variétés. Il en a été de même pour les chéloniens; nous croyons pouvoir affirmer que les débris de ces animaux, réunis par Gaillardot, formeront plusieurs genres et espèces nouvelles. Outre ces objets, on voit dans la collection de Gaillardot des os plats ayant une de leur surface lisse, tandis que l'autre est garnie de replis bifurqués et divergents, qui paraissent appartenir à un genre de sauriens nommé *Phytosaurus* par M. Jæger, tandis que d'autres os plats, recouverts de tubercules arrondis ou formés en quelque sorte de l'agrégation de ces tubercules, se rapprochent d'un genre de poissons nommé *Holoptychus* par M. Agassiz. C'est aussi à ces derniers os que se rattachent les dents palatines que M. Agassiz pensait devoir appartenir à un genre nouveau de la famille des Pycnodontes, mais que plus tard il crut pouvoir réunir à son genre *Gyrolepis*.

Le savant professeur de Neuchâtel a maintenant sous ses yeux les exemplaires de divers os plats dont plusieurs sont pourvus de dents, ce qui prouve qu'ils faisaient partie de la tête; bientôt le voile qui couvre encore la nature des animaux auxquels ils ont appartenu tombera, et nous pourrons les énumérer. Gaillardot a été le premier des naturalistes français qui ait signalé dans le muschelkalk des débris de sauriens et de poissons. Depuis qu'il a attiré l'attention sur cet objet, les découvertes d'êtres anciens à l'état fossile ont fait de bien grands progrès, et en feront encore long-temps. Nous désirons que le jeune Gaillardot marche sur les traces de son père, et nous lui laissons le soin de décrire les raretés et les nouveautés que notre tableau ne fait qu'indiquer.

MÉMOIRE

SUR

DEUX MONUMENTS GÉOGRAPHIQUES

CONSERVÉS A LA BIBLIOTHÈQUE PUBLIQUE DE NANCY,

PAR M. BLAU.

La Société Royale des Sciences, Lettres et Arts de Nancy, désirant seconder les vues exposées dans une circulaire récente de M. Guizot, Ministre de l'instruction publique, adressée aux corps scientifiques et littéraires pour hâter la publication des pièces intéressantes qui se trouveraient oubliées ou négligées dans les collections départementales, était informée que je m'occupais depuis long-temps de l'examen d'un manuscrit de Ptolémée et d'un globe de vermeil soigneusement conservés à la bibliothèque publique de la ville. Persuadée qu'il importerait de tirer de l'obscurité deux monuments capables d'ajouter une page à l'histoire de la géographie, elle m'invita à terminer mon travail, en se chargeant des frais de dessin et de gravure que cette publication nécessiterait. Mais, quelque pressante que fût une invitation si honorable, et malgré mon désir d'y répondre, cela m'eût été impossible sans M. Forfillier, auteur d'un globe d'environ trois mètres de circonférence et d'une parfaite exécution, l'un des plus beaux ornements de la bibliothèque publique d'Épinal. Cet ancien principal de Mirecourt, que mes fonctions d'inspecteur me mirent à même d'apprécier, et qui pouvait dessiner notre globe d'une manière satisfaisante, voulut bien consacrer ses loisirs à un travail pénible dont il abandonna l'évaluation à l'Académie. Son dévouement mérite d'autant plus d'éloges, que, père d'une grande famille, il avait besoin de relâche pour soutenir la fatigue de ses nombreuses leçons. Assuré de son concours, je priai, au nom de la Société académique, M. Welche, maire de Nancy, de me prêter le manuscrit et le globe faisant partie de la bibliothèque qu'il est chargé de surveiller. Il consentit à me les faire remettre, à condition qu'ils ne sortiraient point de mes mains, et que M. Forfillier exécuterait sous mes yeux les dessins jugés nécessaires. M. le bibliothécaire Soyer-Willemet, auquel est confiée la garde de ces objets précieux, en facilita la translation par sa bienveillance, et me fournit, avec autant d'obligeance que de savoir, tous les renseignements qui étaient à sa disposition. Une si heureuse réunion de circonstances me permit enfin de publier des investigations qui semblaient condamnées à un profond oubli. D'après cet exposé, il est facile de reconnaître combien d'obstacles entravent les études archéologiques en province, sans compter le manque de livres et le peu de connaisseurs; on doit aussi comprendre tout ce qu'il faut de zèle et de patience pour se livrer, presque sans guide, à des recherches longues et fastidieuses, dont tant de causes peuvent anéantir le résultat.

Lorsqu'en 1794 j'eus occasion de voir le manuscrit de Ptolémée et le globe de vermeil, qui provenaient, l'un du couvent des Tiercelins de Nancy, l'autre de la maison des Tiercelins de Sion, près de Vézelise, le luxe et le fini de leur travail attirèrent d'abord mon attention; ensuite je réfléchis à la bonne fortune qui, à une époque reculée, les avait transportés d'une contrée étrangère et réunis dans le département de la Meurthe. Un examen particulier m'ayant fait soupçonner qu'ils pourraient combler une lacune dans nos connaissances géographiques, je formai le projet de suivre le fil de de mes conjectures. Pendant que je continuais des recherches souvent suspendues, mais toujours reprises avec persévérance, il me tomba entre les mains l'extrait d'une dissertation latine du savant Heeren de Gœttingue, insérée dans un cahier du *Magasin encyclopédique,* vers le commencement du 19.e siècle. En voici la substance. La copie d'une carte dessinée à la plume, d'après une table ronde de cuivre en émail de couleur, d'environ deux pieds de diamètre, et représentant l'hémisphère alors connu, fut envoyée de Rome à Gœttingue par le cardinal Borgia, qui possédait l'original dans son muséum. Les lieux et les pays y sont tracés avec leur nom, sans désignation de limites; les montagnes, les fleuves, les animaux, les peuples, les batailles, les caravanes, les bazars, les camps de nomades, etc., y figurent avec des inscriptions latines en caractères gothiques. Il est vrai que la date du manuscrit n'est pas énoncée; mais elle se rapporte certainement à la première moitié du 15.e siècle, puisque, parmi les événements indiqués, le plus récent est la victoire de Tamerlan sur Bajazet en 1402, et qu'à côté du nom de Constantinople il reste un espace vide, où pouvait être aisément citée la prise de cette ville en 1453.

La perfection avec laquelle est travaillé un monument si intéressant pour l'histoire de la géographie, prouve qu'il n'était pas destiné à l'usage d'un simple particulier. Comme ce planisphère représente en gros les trois parties du monde telles qu'on les connaissait dans le temps où il fut dessiné, et que l'atlas de Ptolémée représente en détail ces parties dans l'état où les supposaient, vers le milieu du second siècle de l'ère chrétienne, les cartes plus ou moins altérées qui accompagnaient sa géographie, je compris toute l'importance de notre manuscrit, dont la richesse témoigne qu'il fut composé pour un grand personnage, et dont l'ancienneté remonte vers le commencement du 15.e siècle.

Quoique le frontispice, entouré d'un encadrement de fleurs dorées et diversement colorées, énonce une dédicace au pape Alexandre V par Jacques Angelo, sous la date de 1409, et qu'elle soit suivie de la préface du traducteur, le manuscrit ne peut appartenir à cette époque; en effet, la dédicace ne se diviserait pas en deux portions, placées, l'une au haut, l'autre au bas de la page, s'il devait s'adresser audit pape, et n'aurait pas au-dessous les armes peintes d'un cardinal. Le chapeau rouge entre deux G bleus, dans chacun desquels est renfermée une fleur de lis d'or, annonce un légat de France. Mais quelle est cette maison qui porte de gueules à la tête de cerf d'or et bordure dentelée de même? Après plusieurs tâtonnements infructueux, je consultai l'in-folio *Gallia purpurata*, Paris, Lemoine, 1638, in-fol., où sont les armoiries de tous les cardinaux jusqu'en 1638, et j'y trouvai la gravure des armes précitées avec les noms de Guillaume Philastre, cardinal de S. Marc en 1411, sous Jean XXIII; par conséquent, un an après le décès d'Alexandre V. A cette découverte du propriétaire primitif, j'aurais bien voulu ajouter la date précise du manuscrit que j'avais vainement feuilleté dans tous les sens, lorsque j'eus le bonheur de la rencontrer où je ne l'aurais guère soupçonnée. Elle est exprimée en toutes lettres dans une note latine placée sur le revers de la quatrième carte d'Afrique, et remonte à l'an 1427.

Quand on songe que Guillaume Philastre était aussi savant helléniste que versé dans les mathématiques et la géographie, et que la belle copie de ce manuscrit a été faite seulement une année avant qu'il mourût, à l'âge de 84 ans, on voit qu'il estimait la version latine de Jacques Angelo, dont il pouvait aisément se passer. D'ailleurs il traduisit lui-même en latin les cartes grecques et les encadra dans des chiffres arabes pour les adapter à notre manuscrit. Certes il aurait également touché à la version d'Angelo, s'il ne l'eût pas trouvée conforme à l'original ou du moins suffisante pour un homme au courant de la géographie mathématique; mais il crut indispensable d'y joindre des cartes, que les meilleures descriptions ne remplaceront jamais. Quoique le manuscrit et l'atlas soient visiblement de deux mains différentes, les copistes, ayant opéré sous la direction du savant cardinal, doivent avoir produit un ouvrage bien coordonné; au lieu que le calligraphe et le dessinateur étant souvent abandonnés à eux-mêmes, et travaillant à l'aveugle et sans ensemble, multipliaient les erreurs des manuscrits de Ptolémée, suivant l'observation de M. Gossellin dans sa *Géographie des Grecs analysée*, p. 124, etc., Paris, Didot, 1790, in-4°.

Si l'auteur de l'article Fillastre (*Biographie universelle de M. Michaud*) avait pu connaître notre manuscrit, ou s'il avait lu avec plus d'attention les livres qu'il lui était loisible de consulter, il n'aurait pas avancé que le cardinal traduisit en latin la Cosmographie de Ptolémée. Il aura probablement été induit en erreur par le passage de la *Gallia purpurata*, p. 465, où *præclarum Ptolemæi codicem* doit se rapporter à *misit* et non à *convertit*, comme il s'en serait assuré par le t. 2.e de *Metropolis Remensis historia*, etc., *Remis*, Lelorain, 1679, in-fol. p. 694, qui dit sans équivoque *Cosmographiam Ptolemæi transcribi curavit*. Il s'agit dans ces deux ouvrages de la géographie manuscrite de Ptolémée que Philastre envoya, en 1417, du concile de Constance à la bibliothèque du Chapitre de Reims, dont il était le fondateur.

Le neveu du cardinal, né vers 1400, nommé aussi Guillaume Philastre, devint évêque de Verdun en 1437 (1). De là ayant passé en 1449 à l'évêché de

---

(1) Histoire ecclésiastique et civile de Verdun, etc., par un chanoine (Roussel). Paris, Simon, 1745, in-4.° p. 385.

Toul (1) où il encourut l'animadversion générale, il le permuta en 1461 avec celui de Tournay, et mourut à Gand en 1473. Sans doute il légua, comme témoignage de satisfaction personnelle, le manuscrit de son oncle à la cathédrale de Verdun, qui avait déjà reçu en présent une tapisserie dont la bordure, ornée des armes de sa maison, portait de gueules à une tête de cerf d'or.

On ignore comment ce précieux héritage échut en 1543 à un propriétaire que désigne seulement le monogramme noir EZGN, tracé sur une ligne perpendiculaire, à la fin du manuscrit, dans un cartouche de la même couleur et surmonté de la date précitée en chiffres arabes. On ignore aussi quand il sortit de ses mains, et cessa d'être la proie d'ignorants, qui, non contents de le mutiler, en souillèrent plusieurs feuillets de dessins et de lettres informes. Ce qu'on sait avec certitude, c'est que les Tiercelins de Nancy en firent l'acquisition vers le milieu du 17.e siècle, par les soins du P. Donat Gérard, confesseur de Charles IV, qui s'appliqua à former un excellent fonds de bibliothèque (2), successivement augmenté jusqu'à ce que la suppression des couvents en France permit de l'ajouter à la bibliothèque de notre ville. Bien

(1) Histoire ecclésiastique et politique de la ville et du diocèse de Toul, par le père Benoît (Picard), capucin. Toul, Laurent, 1707, in-4.° p. 541.

(2) Histoire des villes vieille et neuve de Nancy, par l'abbé Lionnois. Nancy, Hæner, 1805-1811, in-8.°, t. 3, p. 309.

qu'il ait subi des dégradations que son antiquité aurait pu rendre plus considérables, elles ne portent nullement sur les cartes, malgré leur riche enluminure; et nous avons la satisfaction de posséder un ouvrage qu'un savant cardinal fit copier avec beaucoup de luxe et qu'il jugea convenable d'enrichir de ses notes.

Si notre manuscrit sur vélin, avec des cartes où les eaux d'un fond bleu, vert, jaune ou rouge, se montrent sous diverses nuances à travers une feuille d'argent, mais dont les montagnes, la plupart vertes, quelques-unes jaunes, sont mal dessinées, n'est pas unique dans son genre, puisque la bibliothèque royale en possède de plus ou moins magnifiques; on peut affirmer que le globe de vermeil offert à Notre-Dame de Sion, en 1663, par Charles IV, à l'occasion de son heureux retour en Lorraine, est une œuvre sans pareille: soit que l'on considère la richesse de la matière, soit qu'on s'attache à la perfection du travail, soit qu'on l'examine sous le rapport géographique. Aussi, quand il fut transféré de Sion à Nancy, le directoire du Département nomma une commission pour savoir s'il méritait d'être conservé dans notre muséum, ou s'il devait être envoyé à la monnaie. Les trois commissaires, Joseph-François Coster, membre du jury d'instruction publique, Quirin Deshayes, professeur de physique, et Joseph Laurent, peintre, chargé de la garde des monuments nationaux, déclarèrent à l'unanimité, sous la foi du serment, qu'il pouvait tenir un rang distingué parmi les monuments dont les décrets recommandent la conservation, et appuyèrent leur opinion de plusieurs observations consignées au procès-verbal, à la suite duquel il fut déposé à la bibliothèque publique entre les mains des bibliothécaires Marquet et Fachot.

Ce chef-d'œuvre d'orfévrerie, d'environ 18 pouces de hauteur totale, se compose d'un pied rond et ciselé, sur lequel s'élève un Atlas nu et debout, à belles proportions, soutenant, à l'aide d'une corne d'abondance, un globe terrestre, que couronne une petite sphère armillaire. La dorure intérieure et extérieure, le dessin des arabesques, la beauté des émaux, ne laissent rien à désirer. Le globe, partagé horizontalement en deux hémisphères, peut sans peine être converti en ciboire par la suppression de la sphère de Ptolémée et par la substitution d'une croix. Si cet usage sacré a ménagé le globe et altéré la sphère, il n'est pas étonnant que la séparation de ces parties, qui existait encore au moment de la translation, ait causé la perte de la terre, grosse comme une noix et suspendue au centre de cercles mobiles. Cette perte est d'autant plus fâcheuse, qu'après avoir démonté toutes les parties de l'ouvrage et cherché exactement dans tous les coins, je n'ai trouvé les dénominations ni de la ville, ni de l'époque, ni de l'artiste, qui étaient probablement empreintes en tout ou en partie sur la terre indiquée, de peur qu'elles ne défigurassent le travail.

Il fallut donc recourir à un autre moyen pour arriver à son origine. Les points cardinaux, gravés en petites capitales romaines sur l'horizon de la sphère de Ptolémée, me donnèrent d'abord à penser que la fabrication venait de Bruxelles, où Charles IV avait longtemps séjourné. Mais un dictionnaire flamand, consulté sur ces quatre mots, me tira bientôt d'erreur. Les expéditions de ce prince l'ayant plusieurs fois amené dans la Bavière, je conjecturai que ce vase pouvait venir de Nuremberg, par exemple, ville dont les compositions géographiques sont renommées. En effet, le glossaire allemand du moyen âge, publié par Scherz et augmenté par Oberlin (édition in-fol. de Strasbourg, 1781) m'apprit que les noms des quatre points cardinaux étaient de cet ancien langage et s'écrivaient en caractères romains. D'où il faut conclure que Charles IV acquit en Bavière un ouvrage destiné sans nul doute à quelque prince ou grand seigneur. On s'apercevra bien que notre globe a été fait sur un globe de même grandeur et d'une matière commune. Car l'artiste était trop ignorant pour réduire un globe d'une dimension différente, comme l'attestent les fautes grossières qu'il a commises, et qui n'ont pu exister dans l'original d'après lequel il a travaillé.

On cessera d'être surpris de la curiosité du duc de Lorraine, quand on saura que Jean Lhoste, son ingénieur, lui avait dédié, en 1624, son *Sommaire de la sphère artificielle, imprimé à Nancy, in-4.°*, où il rapporte qu'il a tracé et buriné pour Son Altesse, après un travail d'environ huit ans, deux grands globes de bronze, l'un terrestre, l'autre céleste. Ils ne sont plus à Nancy. Lorsque nos ducs ont quitté la Lorraine, ils les auront probablement transportés en Toscane, et de là en Autriche.

La dorure des terres de notre globe permet de les

distinguer facilement des eaux, qui étaient jadis émaillées d'un bleu foncé, et qui laissent aujourd'hui à découvert une superbe ciselure brune imitant les ondulations d'une mer doucement agitée. Les cercles polaires et les tropiques y figurent sans graduation; l'écliptique, l'équateur et les colures, s'y divisent en 360 degrés, sans indication de nombre. Mais des chiffres arabes désignent, de 10 en 10 degrés, les douze signes du zodiaque, placés sous le globe à l'extrémité d'une rose des vents. La même espèce de chiffres, gravés sur le méridien, l'équateur et le zodiaque de la sphère armillaire, offre la division de ces cercles en 360 degrés. Les anciennes parties du monde sont représentées sur le globe avec leur nom, et se rapprochent de leur forme actuelle, excepté l'Amérique, qui tient fortement à l'Asie par le nord, et se prolonge beaucoup vers l'est sous la dénomination de Grande-Asie et d'Asie-Orientale, tandis que sa presqu'île méridionale porte seule le titre d'Amérique et de Nouvelle Partie du Monde. Une telle configuration prouve qu'elle était alors admise par les géographes. Mais à quelle époque remonte cette opinion? Elle est nécessairement postérieure à la découverte de Magellan, c'est-à-dire à 1520, les noms d'Océan Magellanique, de mer Pacifique se trouvant sur notre globe. A en juger par une mappemonde sur cuivre de 1531, dont Sébastien Munster donne l'explication (1), et par une autre de 1566, que grava

(1) Novus orbis regionum ac insularum veteribus incognitarum, una cum tabula cosmographica, et aliquot aliis consimilis argumenti libellis, Parisiis, Joannes Parvus, 1532, in-fol.

Jean-Paul Cimmerlin de Vérone, d'après Oronce Finé, également auteur de la première (1), il paraît que cette opinion régnait encore à une époque assez éloignée de la découverte d'un nouveau continent. Il est impossible de décider cette question avant de faire une revue exacte des pays tracés sur notre globe et d'entrer dans les détails qu'exige cette comparaison, mais que ne comporte point une séance publique (2).

Quoi qu'il en soit, nous devons nous féliciter de posséder deux monuments géographiques, qui nous sont parvenus à travers tant de chances capables de les anéantir, grâces à la précaution que l'on prit de les soustraire à toutes les recherches depuis l'invasion des Alliés jusqu'après leur départ. Sans cette sage mesure, ils auraient bien pu nous être enlevés par le général russe qui dépouilla notre bibliothèque de son bel atlas de Cassini; et nous ne pourrions pas nous consoler de cette perte irréparable, comme nous avons été heureusement dédommagés de l'enlèvement de la carte de France par la libéralité du général Drouot, notre compatriote, qui a donné à notre ville son exemplaire choisi dans le dépôt du ministère de la guerre.

---

(1) Tavole moderne di geografia della maggior parte del mondo di diversi autori, raccolte e messe secondo l'ordine di Tolomeo, etc., in Roma, in-fol. sans date.

(2) Voyez dans la deuxième partie du volume le supplément de ce mémoire.

LE TOMBEAU

DES DEUX AMANTS;

LÉGENDE,

PAR M. GUERRIER DE DUMAST.

L'anecdote que vous allez entendre, Messieurs, étant tirée des écrits de Grégoire de Tours, c'est aussi dans sa bouche, ou dans celle de l'un de ses contemporains, que nous en plaçons par supposition le récit.

Les personnages dont il y est parlé vivaient sous Théodose, vers l'an 390 de notre ère; et quant à l'annaliste qui nous en a transmis le souvenir, il publia son histoire des Francs en 592, c'est-à-dire sous le règne simultané de Gontran en Bourgogne, de Childebert en Austrasie, et du fils de Frédégonde à Soissons. De ces deux dates, Messieurs, la première appartient à un siècle de décadence, et la seconde à un siècle de barbarie : on pourrait donc être surpris de voir exister, soit à l'époque des acteurs, soit à celle du narrateur, un charme d'imagination, une fraîcheur, une délicatesse de sentiments, qui semble former anachronisme; mais l'étonnement, en pareil cas, partirait d'une philosophie historique bien superficielle. Pour se rendre compte du phénomène, et concevoir comment, en l'absence de la littérature et des arts, au milieu des guerres d'invasion, des cruautés, des pillages, des désordres de tout genre et de l'interruption des études, la pensée humaine atteignait ainsi des nuances non-seulement nobles et gracieuses, mais plus relevées, plus fines et plus belles que toutes celles où elle avait pu parvenir au milieu de la paix, de la gloire, et d'une civilisation complète et brillante, sous Auguste et sous Périclès.., il suffit d'observer que la prédication du Sauveur était survenue dans l'intervalle. Cette doctrine, qui n'a besoin ni des puissants, ni des riches, ni des sages; cette religion du Dieu qui se révèle aux humbles et qui donne la science aux petits, était alors, dans les Gaules, pour la plupart des esprits, l'objet d'une conviction ferme et puissante. Elle y avait donc porté le sens moral au plus haut degré de sagacité, et développé chez une foule de personnes cette *intelligence du cœur* que toute la philosophie est impuissante à faire éclore, qui n'existait nulle part chez les Gentils avant l'apparition du Messie, et qui, de nos jours encore, malgré la diffusion du savoir et des lumières, s'oblitère et s'émousse partout où la foi chrétienne s'affaiblit.

Si l'on veut pouvoir mesurer quelle prodigieuse distance les mœurs romaines avaient franchie en moins de deux cents ans, d'Héliogabale à Théodose, en passant du principe de la terre au principe du ciel, et du pôle des jouissances infâmes au pôle des souffrances divinisées, rien n'en peut faire mieux juger que le touchant épisode du *Tombeau des deux époux de Clermont*. Aucune autre légende ne reflète mieux les persuasions de l'époque; aucune autre n'est plus propre à faire sentir combien alors étaient électriques et populaires les victoires de la volonté sur l'instinct, les triomphes de l'âme sur le corps. Aujourd'hui, que plus d'indifférence règne à cet égard, et que, précurseur du saint-simonisme et de l'apothéose des lois charnelles, le philosophisme moderne, selon la judicieuse remarque du Père Enfantin, a réussi, dans son passage, à réhabiliter auprès de beaucoup de gens l'empire de la matière et des désirs sensuels.., on sera porté peut-être à voir de l'*exagération* dans les idées, moins terrestres, des siècles de croyance et de sacrifice; dans le trait charmant, surtout, que Grégoire de Tours nous en a conservé comme exemple. Mais il importe d'observer, Messieurs, que ce trait, quoiqu'environné dans son temps d'une juste admiration, n'était nullement proposé à l'imitation générale des chrétiens; on le voit assez par les circonstances miraculeuses dont il se présente accompagné, et qui en font un type extraordinaire, supérieur à tout ce qui peut former habitude. Autre chose en effet est la règle, et autre chose l'exception; seulement, quelques êtres angéliques peuvent et doivent s'élever jusqu'à *l'exception*, afin que les masses ne restent pas au-dessous de *la règle*. Ce serait donc manquer ou de portée d'esprit, ou tout au moins de réflexion, que de trouver outrée et déraisonnable une *surabondance de dévouement* qui n'est sans doute le rôle naturel que de peu de personnes, mais dont la beauté, pour cela, n'est pas moins digne d'enthousiasme. Car, en fait de vertu, il y a des âmes d'élite qui sont appelées à dépasser la ligne du nécessaire. Placées en avant des gens de bien (qui se font gloire de les suivre, mais sans essayer de les atteindre), elle sont les porte-drapeaux de l'humanité régénérée, dans sa pénible marche vers le ciel.

A ne considérer la légende dont il s'agit que du côté de l'intérêt qu'elle peut offrir, abstraction faite de sa vérité, elle méritait assurément d'être remise en lumière, soit comme conception noble et délicate, soit comme monument de mœurs, exprimant sous une forme vive l'opinion gallo-romaine des derniers temps de l'Empire et celle de l'époque mérovingienne. Mais on voudra peut-être, écartant ici le voile poétique, aller au fond des choses, et demander au traducteur quel est son avis personnel sur la réalité de l'anecdote, et sur la crédibilité du *merveilleux* empreint dans les détails qui en forment le dénouement.

Pour le simple philosophe, la réponse n'exigerait aucun examen; tout serait décidé d'avance par une négation générale. Pour le philosophe chrétien, la question est plus complexe. Car, dès que l'on croit à l'Évangile, on est logiquement forcé d'admettre, sur l'autorité de ce livre, non-seulement l'existence des prodiges qu'il renferme, mais celle de plusieurs autres prodiges postérieurs; Jésus ayant annoncé, en termes formels, qu'on verrait *après lui* se manifester, pour ses disciples et par eux, des miracles *aussi grands ou plus grands* que ceux qu'il avait opérés lui-même. A moins donc que le divin législateur *n'ait menti dans sa prédiction*, il faut absolument regarder comme indubitable que Dieu a continué, plus ou moins longtemps, pour l'honneur de sa religion, à la soutenir, à l'appuyer de certains témoignages sensibles, éclatants et d'un ordre surnaturel. — Maintenant, quels ont été ces faits thaumaturgiques? Tel ou tel de ceux que l'on raconte paraît-il entouré des marques de la fiction, ou de celles de la vérité? — Voici où la discussion commence; c'est là-dessus que peut librement s'exercer une saine critique.

Or, Messieurs, quant à l'objet spécial dont nous parlons, il nous manque les données nécessaires à la solution du problème. Dans l'incertitude qui règne à cet égard, et que nous n'avons aucun moyen de dissiper, il est doux et consolant de penser qu'une si touchante tradition *ne porte point avec elle les caractères de l'impossible.* Si rien n'oblige à y croire, et s'il faut se garder avec soin de la présenter comme avérée, rien aussi n'empêche qu'elle ne puisse être le récit de l'un de ces faits miraculeux dont les premiers siècles de l'église ont été témoins par intervalles. — Le motif pour une intervention directe de la Divinité, n'aurait ici rien d'absurde et qui fût indigne de la gravité de la foi. Le Dieu des chrétiens, en effet, pourrait bien (puisque ses merveilles souveraines se sont prolongées après sa mort, en faveur de sa doctrine et de ceux qui la pratiquaient avec un degré de zèle éminent), pourrait bien, disons-nous, avoir voulu manifester une fois, dans les Gaules, par un prodige qui frappât tous les yeux, sa prédilection pour la VIRGINITÉ; pour cette blanche fleur céleste qu'il est venu transplanter sur la terre; pour cette pure et sublime vertu, le complément, le diadème, l'auréole des autres perfections : vertu libre et surérogatoire, qu'il n'imposa jamais à personne, mais dont il fit sentir assez la beauté suprême, et par son propre exemple, et par celui de Marie et de Jean.., des deux créatures humaines qu'il daigna choisir, entre toutes, pour faire de l'une *sa mère* et de l'autre *son ami.*

LE TOMBEAU DES DEUX AMANTS.

Aux derniers temps du peuple souverain,
Temps où le Nil, la Tamise et le Tage,
L'Èbre et l'Oronte, et le Tibre et le Rhin
Coulaient encor sous des lois sans partage;
Rendant à l'aigle un reste de vigueur,
Quand Théodose, orthodoxe et vainqueur,
Portait encor, de ses fortes épaules,
L'honneur pesant d'un empire vieilli,
De cent périls tour à tour assailli;
Lorsque l'Auvergne, heureux centre des Gaules,
Lasse des dieux et d'un culte menteur,
Comptait déjà son sixième pasteur;
Aux jours enfin où, sage et docte guide,
Le successeur d'Urbicus et d'Hillide,
Artémius, occupait dans Clermont
La chaire antique où siégea saint Strémont (1):

(1) St. Strémont, ou plutôt Strémon, *Strymonius*, missionnaire romain, premier évêque d'Auvergne, paraît avoir vécu vers le temps de Philippe, de Décius et de Gallus.

Riches, flattés, brillants et sûrs de plaire,
Un décemvir, une vierge aux yeux purs,
Chrétiens tous deux, en habitaient les murs;
Et leur beauté, leur mérite exemplaire,
Comblaient d'orgueil des parents attendris,
Vieux sénateurs, fiers du sang consulaire
Transmis par eux à ces enfants chéris.

Palladius (1) avait vu Scholasie (2);
Au même instant son cœur l'avait choisie.
« Oh! disait-il, oh! parmi les mortels,
Trois fois heureux qui lui voûra son être!
Qui, palpitant, pourra des mains du prêtre
La recevoir aux pieds des saints autels! »
— Rêvant les biens qu'imagine et qu'espère
L'homme animé par un désir brûlant,
Il s'en alla, fort de l'aveu d'un père,
A Proculus demander en tremblant
L'insigne honneur d'entrer dans sa famille;
Et Proculus, de sa rougeur charmé,
Se souvenant d'avoir jadis aimé,
Sourit, s'émut, et lui promit sa fille.

Trois mois ont fui. De quel feu ton œil brille,
Palladius! tu vas tout obtenir.

---

(1) *Injuriosus* était son véritable nom. Comme il serait impossible à nos oreilles de le supporter, surtout en vers, il a fallu en employer un autre. Celui de Palladius, substitué ici, a réellement existé en Auvergne.

(2) Proprement *Scholastique:* nom qui n'avait rien de ridicule avant que l'on imaginât d'en faire celui d'une science verbeuse, pleine de chicanes et d'arguties.

La nuit s'approche ; on vient de les unir.
En bourdonnant, la foule catholique
Quitte à longs flots l'auguste basilique
Où le pontife a voulu les bénir.
Couple envié ! Chacun les envisage ;
Un peuple immense accourt sur leur passage.
Qu'ils sont parés, qu'ils sont jeunes et beaux !
Brûlez l'amôme, allumez les flambeaux,
Semez de fleurs la route fortunée ;
Du paranymphe aidez les soins si doux (1) ;
Et que l'épouse, en triomphe amenée,
Au son des luths, sous les regards jaloux,
Franchisse enfin le seuil de son époux
Dans tout l'éclat des pompes d'hyménée !

Après les chants, après les cris joyeux
Et le Falerne et les touchants adieux,
Quand du palais se ferma le portique ;
Quand disparut la lumière et le bruit ;
Quand Scholasie, en un discret réduit,
Asyle ouvert à sa beauté pudique,
Sur des coussins où la perle reluit,
Sous des tapis de Tyr et de Sardique,
N'eut conservé que les voiles de nuit ;
Et que l'amant par sa mère introduit
Vint prendre place au thalamus antique (2) :

---

(1) Une ombre de cet usage, quoique très-affaiblie, subsiste encore, et peut s'observer surtout parmi nos villageois, où quelque chose de l'importance du *paranymphe* des Anciens survit dans le rôle du *garçon-d'honneur*.

(2) Celebratâ nuptiarum solemnitate, in uno strato ex more locantur.

(O des humains sort fragile et trompeur !)
Un triste augure effraya sa tendresse.
A peine encor il cherchait le bonheur,
Qu'au premier signe, à la moindre caresse,
Il vit pâlir sa craintive maîtresse.
Sans se permettre un reproche, un soupir,
A son époux sans dérober ses charmes,
D'horreur secrète elle semblait frémir;
Et sa douleur, trop vive à contenir,
Se fraya cours par deux ruisseaux de larmes (1).

A cet aspect plus poignant qu'un refus,
Palladius, désespéré, confus,
Tremble, s'éloigne; et d'une âme attendrie,
A deux genoux il la presse, il la prie
De lui daigner confier ses tourments,
De l'appeler à partager sa peine (2).
— Hélas! toujours, baissant des yeux charmants,
Elle se tait.., et la prière est vaine;
Et le jeune homme, au comble des ennuis,
S'écrie enfin : « Malheureux que je suis,
Qu'ai-je donc fait pour mériter sa haine! »

La vierge alors : « Moi te haïr, dis-tu!
« D'un tel retour moi payer ta vertu..?
« Palladius, noble ami que j'estime,
« Unique objet d'un penchant légitime,

---

(1) Sed puella, graviter contristata, amarissimè flebat.

(2) « Quid, inquit, turbaris? indica, quæso, mihi! » Illâque silente, adjecit vir : « Obsecro te, per Jesum-Christum filium Dei, ut mihi quid doleas exponas. »

« De ma douleur ne sois point irrité.
« Tu m'es bien cher ; mais conçois l'épouvante,
« Les longs regrets d'une fille tremblante
« Qui, d'un mari souffrant l'autorité,
« Ne pourra plus, de soi-même maîtresse,
« Au Dieu jaloux, au Dieu de sa jeunesse,
« Porter les lis de sa virginité. »

« — Qu'entends-je, ô ciel! Ta pudeur est blessée
De rendre père un époux, un amant?
Mais le Seigneur a reçu ton serment!
Mais dans mes bras c'est lui qui t'a placée!

— « J'ai tort, dit-elle ; oh oui, je suis à toi,
« Et Dieu lui-même à mes pleurs est contraire,
« Au poids des nœuds qui t'assurent ma foi
« Mon cœur soumis ne se veut point soustraire.
« Règne, et pardonne. En m'imposant ta loi,
« Sois indulgent pour mon reste d'effroi.
« Oh! si jadis les auteurs de ma vie
« M'avaient permis de suivre mon envie,
« J'aurais voulu, parmi des vierges sœurs,
« Fuir de l'hymen les terrestres douceurs,
« Félicité qui passe et qui s'envole ;
« J'aurais voulu, loin d'un monde frivole,
« Par l'oraison sanctifiant mes jours,
« Libre, au-dessus des nœuds de la matière,
« A mon Sauveur me donner toute entière,
« Vouer à Dieu mes uniques amours (1).

---

(1) Statueram enim ut corpus meum immaculatum Christo servarem.

« C'était sans doute une faveur trop grande;
« J'allais à lui par de trop courts chemins :
« Loin d'agréer ma virginale offrande,
« Il la dédaigne, et la livre aux humains (1).
« Ah! puisque telle était ma destinée
« Qu'il me fallait, à souffrir condamnée,
« Ou voir périr mes doux rêves chrétiens,
« Ou désoler l'homme à qui j'appartiens...,
« Pourquoi du Ciel les bontés protectrices,
« Long-temps avant qu'à mes yeux tu t'offrisses,
« N'ont-elles pas moissonné mon orgueil,
« Et, dès le sein de mes tendres nourrices,
« Ouvert pour moi l'asyle du cercueil (2)! »

« — Femme admirée! en quel trouble me jette
L'étrange ardeur de tes pieux desirs!
Eh quoi! mon sort veut-il donc que j'achette
Par ton malheur ma gloire et mes plaisirs!
Oh! pour calmer l'instinct qui les rejette,
Oh! pour sécher les beaux yeux que voilà,
S'il faut restreindre au pur lien des âmes
Mes tendres vœux, mes légitimes flammes,
Parle, prescris, fille de Nigella;
Mon dévoûment peut aller jusque-là (3). »
« — Serait-il vrai! » dit-elle. « Aux pauvres femmes

---

(1) Ecce enim, ab immortali Christo relicta, qui mihi dotem promittebat paradisum, mortalis hominis sortita sum consortium!

(2) O si mihi hæc futura erant, quare non vitæ meæ dies ipse fuit finis qui fuit initium! O si mihi dulcium nutricum oscula in funere fuissent expensa!

(3) Si vis... abstinere..., particeps tuæ mentis efficiar.

« Jamais un homme accorde-t-il cela (1)?
« Ta Scholasie obtiendrait cette gloire?
« Rêve enchanteur! je n'ose encore y croire.
« Et si pourtant, de ses transports vainqueur,
« Palladius n'imposait à mon cœur
« Qu'une amitié candide et fraternelle,
« Oh! quelle ivresse! et qu'il me serait doux,
« Au dernier jour, avec toi, cher époux,
« De partager ma couronne éternelle (2)! »

Elle avait dit. Naïve et solennelle,
La chaste voix, par un charme secret,
Touchait l'amant, dans son sein pénétrait;
Lorsque, rompant sa sainte rêverie,
Comme la foudre, un penser triste et noir
Soudain le frappe... Il tressaille; il s'écrie
Avec l'accent d'un amer désespoir :

« Tige d'amour, la plus belle des filles,
Jeune palmier que l'Auvergne engendra,
Ainsi ta fleur sans fruits se passera!
Seuls héritiers de deux nobles familles,
Quand nous mourrons, rien ne nous survivra (3)!
Pauvres parents, dont la chimère embrasse
L'espoir trompeur d'un immense avenir,
De leur passé que deviendra la trace?

---

(1) Cette naïveté gracieuse, que plusieurs auditeurs ont crue moderne et de l'invention du poète, est mot à mot dans Grégoire de Tours. — Illa respondit: « Difficile est sexum virilem mulieribus *ista* præstare.

(2) Tamen, si feceris ut immaculati permaneamus in sæculo, ego tibi partem tribuam, etc.

(3) Unicos nos nobilissimi Arvernorum habuere parentes, etc.

Hélas! leurs mains avaient cru nous unir
Pour voir bientôt, non s'éteindre et finir,
Mais reparaître et prospérer leur race;
Pour qu'un enfant bercé sur leurs genoux
Pût à leurs biens succéder après nous,
Et que la mort ne laissât point sans maîtres
Les toits chéris, séjour de nos ancêtres (1). »

« — As-tu regret? » dit Scholasie; « eh bien,
« Continuons la chaîne héréditaire.
« Mais si ton cœur, entraîné par le mien,
« Conçoit et cherche au-dessus de la terre
« Un autre amour, que nulle ombre n'altère;
« Si tu veux suivre un élan si chrétien...,
« Va, tu le peux, et l'obstacle n'est rien.
« De nos parents n'invoque point l'image:
« N'auront-ils pas nos soins et notre hommage?
« Nous sommes *deux* à leur prêter secours.
« Pour nous, Dieu reste.., et les moments sont courts.
« Quand du salut il vint montrer les voies,
« Loin de marcher par des sentiers de fleurs,
« Quel parut-il? — un homme de douleurs:
« Ah! des heureux doit-on briguer les joies,
« Lorsque du pauvre il a béni les pleurs!
« Combien, combien son exemple sévère
« Des vrais croyants rend aisés les combats!
« Et qu'à leurs yeux le tableau du Calvaire
« Ote de prix aux pompes d'ici-bas (2)!

---

(1) Et ad propagandam generationem conjungere nos voluerunt, ne recedentibus eis de mundo succederet hæres extraneus.

(2) Horrent enim mihi terrenæ species, quùm transfixas suspicio manus Redemptoris; nec cerno diademata gemmis coruscantia, quùm illam spineam miror mente coronam.

« L'éclat d'un nom fameux chez les Arvernes ;
« Ton large essaim de clients et d'amis ;
« Ces hauts palais où d'un mot tu gouvernes
« Des flots nombreux de serviteurs soumis ;
« Tous ces trésors que le Rhône et la Loire
« Ont trois cents ans roulés pour nos aïeux,
« Tous ces appâts de la terrestre gloire,
« Devant la croix qu'ont-ils de précieux ?
« Et nos lambris, plaqués d'or et d'ivoire,
« Qu'est-ce, dis-moi, près des voûtes des cieux (1) ?
« Dédaigne honneurs, richesse et renommée !
« Né pour Sion, foule aux pieds l'Idumée.
« Qu'importera, quand nous aurons vécu (2),
« Au nom romain, peut-être alors vaincu,
« A nous surtout, froide cendre inhumée,
« Une famille, une ombre, une fumée,
« Vains souvenirs que nous aurions laissés,
« Et qu'aussi bien, dans la Gaule enflammée,
« Quelque Sicambre, un jour, de sa framée,
« Insolemment heurterait effacés !

« Vois, vois plutôt, s'ouvrir loin des alarmes
« Les profondeurs des célestes parvis ;
« Vois-y monter rayonnants et ravis
« Ceux qui pour Dieu, couverts de fortes armes,
« Toujours du monde ont repoussé les charmes
« Et dominé leurs désirs asservis.

---

(1) Horrent tua solaria, quùm Dominum suspicio residentem super astra.

(2) Nihil est mundus, nihil sunt divitiæ, nihil est pompa sæculi hujus, nihil est ipsa vita quâ fruimur; sed illa magis vita quærenda est... ubi homo luce non occidente vivit; etc.

« Heureux et fiers de leurs palmes sanglantes,
« Les saints martyrs, troupes étincelantes,
« Au peuple élu vont frayant le chemin;
« Mais, après eux, les vierges vigilantes,
« A pas pressés, marchent la lampe en main.
« Du blanc troupeau la plus humble et la moindre,
« Mais, grâce à toi, digne encor de m'y joindre (1),
« Je les atteins, j'arrive... O doux émoi!
« Viens, viens, leur Dieu, leur Sauveur va paraître;
« Viens, dans leurs rangs je t'entraîne avec moi (2).
« C'est lui! Quels feux traversent tout mon être!
« Je cours, je tombe aux pieds du divin Maître,
« Et, mon amour dissipant ma frayeur,
« Je les embrasse, et je lui dis: « Seigneur,
« Voici l'ami qu'autrefois sur la terre
« A mes destins vous aviez attaché.
« Soigneux de fuir les routes du péché,
« Il vient puiser cette eau qui désaltère,
« Par vous promise à qui vous a cherché.
« Souvenez-vous qu'au moment où sa chaîne
« M'épouvantait par de terrestres lois,
« Du célibat prenant pour lui la gêne,
« De ses devoirs il a doublé le poids.
« Doublez aussi, triplez sa récompense!
« En vain vous seul aviez fixé mon choix:
« Sur moi d'hymen il possédait les droits;
« Vous permettiez sa suprême exigence,
« Dans ses regards mon sort semblait écrit.

---

(1) Et cùm debui, super quadrifluo Agni flumine, puritatis stolam induere, etc.

(2) Ego tibi partem tribuam dotis quam promissam habeo a sponso domino meo Jesu Christo, cui me et famulam devovi esse et sponsam.

« Mais, soutenu par votre Saint-Esprit,
« Il a dompté, soumis la chair rebelle..,
« Pour m'épargner.., pour me laisser plus belle,
« Plus riche en grâce aux yeux de Jésus-Christ.
« Ah! vos bienfaits, vos dons, je les appelle.
« Envers celui qui fut si généreux,
« De m'acquitter, Seigneur, je suis jalouse:
« Payez, mon Dieu, payez pour votre épouse;
« Payez en prince, en roi des bienheureux;
« Et que, pour prix d'un bonheur éphémère,
« Dont l'abandon n'aura pas été vain,
« Palladius, ivre d'amour divin,
« Près du gardien de votre sainte Mère,
« Règne inondé de délices sans fin! »

D'un tel discours la tendre violence
Avait vaincu le jeune décemvir;
Hors de lui-même il se sentait ravir.
Enfin, plus calme, après un court silence:
« O Scholasie, oh! comme je t'aimais!
Tu ne sais pas, tu ne sauras jamais
Pour t'obéir quel est mon sacrifice..;
Mais tu le veux; eh bien, qu'il s'accomplisse!!! »
— S'armant alors du signe du chrétien,
Du front au cœur, de l'épaule à l'épaule,
Il s'y confie, il s'en fait un soutien
Pour commencer son grave et ferme rôle (1);
Puis, sans mot dire, il retombe au chevet
Où près de lui va dormir l'innocence;
D'un œil parlant, la vierge qu'il sauvait
Lui peint sa joie et sa reconnaissance;

---

(1) Tunc ille, armatus crucis vexillo, ait: « Faciam quæ hortaris. »

Et tendrement ils se prirent la main :
Chaste contrat.., qui fut tout leur hymen (1)!

Cinq ans entiers, la paix, la paix profonde,
Que Dieu seul donne et qu'ignore le monde,
La paix du ciel, trésor secret mais sûr,
Loin des soucis dont le plaisir abonde,
Resta fidèle au couple austère et pur.
Les doux travaux, les devoirs domestiques,
Du culte saint les pieuses pratiques,
Des vieux parents le soin religieux,
Se partageaient leurs moments précieux,
Moments trop courts! Souvent de la misère
Ils épiaient les besoins inconnus,
Couraient vêtir des pauvres demi-nus,
Ou, de leurs mains, sur le fétide ulcère
D'un bon vieillard jusqu'aux larmes touché,
Placer, avec le baume salutaire,
Le lin d'Égypte, en flocons arraché.
Parfois, des lieux où frémit et s'arrête,
Quand de la peste y sévit la tempête,
Devant la mort la pitié des vivants,
Mais où sans crainte ils hasardaient leur tête,
On les voyait revenir triomphants :
Des orphelins, devenus leurs enfants,
Suivaient leurs pas, jeune et douce conquête.
Dans les cachots où gisaient, pleins d'effroi,
Des malheureux destinés aux tortures,
Ils pénétraient; et leur zèle et leur foi,
Parlant du Christ à ces êtres sans loi,
Leur préparaient des angoisses moins dures.

---

(1) Et datis inter se dextris, quieverunt.

Lassés enfin, lorsqu'au retour du soir
Ils avaient pris, à la table servie,
Quelque relâche, et soulagé la vie
Du voyageur qu'ils y faisaient asseoir;
Quand, retirés dans leur propre demeure,
Ils s'étaient plus à converser, une heure,
Avec la muse, honneur des temps jadis:
Du Dieu très-haut ils chantaient les louanges;
Puis, côte à côte, et dans les nobles langes
Par leur promesse épurés, agrandis,
Ils sommeillaient, comme auraient fait deux anges,
Déjà bercés des chants du Paradis (1).

Un mal soudain, rapide et sans remède,
Vint en trois jours, brisant des nœuds si doux,
Frapper l'épouse aux bras de son époux.
— Silence, amis qui volez à son aide!
Par quels discours le consoleriez-vous?
Dieu seul enseigne à souffrir de tels coups.
— A pas réglés, au bruit des chants sinistres,
Voici venir, suivis des saints ministres,
Les noirs meneurs des pompes du cercueil.
Sur un brancard, trône opulent du deuil,
Comme une fleur que la faux a tranchée,
Déjà par eux Scholasie est couchée;
La torche en main (majestueux coup d'œil),
Cinq cents valets l'attendent sur le seuil;
Sa route, au loin, d'asphodèle est jonchée:
Dernier triomphe et vain luxe d'orgueil!

On est parti: son lugubre cortège

---

(1) Multos, postea, in uno strato recumbentes, annos vixerunt, cum castitate laudabili.

A repassé par les mêmes chemins
Où, si gaîment, la foule qui l'assiège,
Suivait naguère et des yeux et des mains
Ses franges d'or et son voile de neige.
Bientôt, hélas, au terme on a touché.
Sous les chagrins qu'un faible cœur succombe:
Le regard fixe et sur elle attaché,
Palladius jusqu'au bout a marché;
Palladius est au bord de la tombe.
Et là, pressant d'un baiser douloureux
Les tresses d'or dont il fut amoureux,
Sombre, impassible, il semble voir sans larmes
Du sarcophage aux emblèmes sacrés
L'espace étroit s'ouvrir pour tant de charmes,
Charmes pâlis, mais non défigurés,
Du peuple encor tristement admirés.
Mais tout à coup, quand à celle qu'il aime
Il faut enfin dire l'adieu suprême;
Quand près, tout près de la lui dérober,
Sur des beautés qu'épargna la mort même
Le marbre épais comme un sceau va tomber:
Il n'y tient plus.., et, dans sa peine amère,
En longs sanglots il éclate: « Oh! pleurez,
Pleurez, dit-il, pauvres qui m'entourez;
Pleurez, enfants dont elle était la mère;
Pleure, Clermont, qui perds en ce moment
Ton plus parfait, ton plus riche ornement.
Ah! ce joyau, cette perle d'Asie
Qu'en ses trésors Dieu m'avait fait trouver,
Je ne l'ai plus! Sa sainte jalousie
Reprend son bien.., mon bien, ma Scholasie!
Seigneur, sitôt pourquoi me l'enlever?
Pourquoi m'ôter ma compagne fidèle,
Ma conductrice et mon pieux secours?

Dans ses bontés si je fus aimé d'elle,
C'était vers toi qu'elle aspirait toujours.
Hélas! d'hymen nul profane mystère
N'a rabaissé nos trop courtes amours!
Vierge, à ma vie elle unit ses beaux jours,
Et vierge aussi je la rends à la terre (1). »

La jeune morte aux doux et froids appas,
Confuse alors du respect qu'elle inspire..,
Sans ranimer son visage de cire,
Sans rouvrir l'œil fermé par le trépas,
Mais au reproche unissant un sourire,
Sort du silence: « Indiscret..! pourquoi dire
« Ce qu'à l'époux on ne demandait pas (2). »

Un bruit d'émoi, dans la funèbre enceinte,
De rangs en rangs comme un foudre a passé;
On se redit ce qu'elle a prononcé;
Chacun s'approche, et, penché sur la sainte,
Écoute encor.... Mais son souffle est glacé,
La mort se tait, le miracle a cessé.
— Palladius, de qui l'oreille avide
Avait saisi de toute son ardeur
Les mots charmants, cri d'une humble pudeur,
Comprend bientôt quel pouvoir y préside.
De l'Éternel proclamant la grandeur,

---

(1) Gratias ago tibi, æterne Deus dominus noster, quia hunc thesaurum, sicut a te commendatum accepi, ità immaculatum pietati tuæ restituo!

(2) Ad hæc illa subridens: « *Quid,* inquit, *loqueris quod non interrogaris?* »

Il vole au temple, où son transport le guide,
Adore et prie.., et dans son palais vide
Retourne en paix, au sortir du saint lieu.
— Durant la nuit, resté seul avec Dieu,
Qu'éprouva-t-il, que vit-il? — on l'ignore;
Mais, lui toujours qui devançait l'aurore,
Le lendemain ses clients alarmés
N'ouïrent point ses pas accoutumés.
La porte cède à leur foule inquiète....
Il n'était plus : une extase muette
Ennoblissait ses traits inanimés.

On répéta la pompe de la veille (1).
Près de la tombe une tombe pareille
Attendait l'heure où l'autre époux mourrait.
Un même bloc toutes deux les couvrait;
Il fut levé. — Mais nouvelle merveille (2).
Dès que voisins on les eut déposés
Dans les deux lits par le ciseau creusés,
Que séparait un simple mur de pierre,
(Faveur divine éclatante et dernière,
Et qu'avec peine, en voyant même, on crut),
Entre elle et lui la cloison disparut.
Anges mortels privés de la lumière,
Mais du Seigneur protégés et bénis,
Un seul tombeau les montrait réunis.
— Du fait au loin s'étend la renommée;
Le peuple en foule accourt au monument...
Palladius, près de sa bien-aimée,

---

(1) Illamque sepultam ipse non post multum insequitur.

(2) Miraculi novitas, quæ eorum castitatem manifestaret, apparuit.

Avait trouvé la fin de son tourment.
Tous deux en Dieu reposaient mollement,
Le front empreint d'une paix ravissante,
Et l'un sur l'autre appuyés à demi,
Comme autrefois, dans la couche innocente
Où leurs amours cinq ans avaient dormi (1).

De ces époux, de leur touchante histoire,
Chez les Gaulois deux siècles révolus
Ont dans leur cours épargné la mémoire.
De nos Césars l'empire ne vit plus;
Les Goths, les Huns, s'arrachant la victoire,
Ont par lambeaux déchiré notre gloire;
Avec les Francs, déjà, de père en fils,
Règne sur nous la race de Clovis;
L'Auvergne a vu, par des mains frénétiques,
Par des soldats de carnage assouvis,
Piller ses champs, brûler ses beaux parvis,
Ses temples saints, ses archives antiques;
Mais dans Clermont, déplorable cité
Que le Barbare a vingt fois désolée,
Si tout révèle un pays dévasté,
Des temps romains un vestige est resté;
Couple chéri, c'est votre mausolée.
Là, préludant à leur félicité,
La fiancée et l'ami plein d'ivresse
Vont prier Dieu d'épurer leur tendresse.

---

(1) Cùm ad locum populi accederent, invenerunt sepulcra *pariter* (basse latinité, pour *simul, juxta invicem*) quæ inter se distantia reliquerant; scilicet ut quos tenet socios cœlum, hic sepultorum corporum non separet monumentum.

Des deux époux sans prétendre égaler
Le noble excès, la vertu surhumaine,
De loin, du moins; voulant leur ressembler,
A leur tombeau le respect les amène.
La vierge aussi, qui, par d'heureux serments,
A Jésus seul voua tous ses moments,
Y vient parfois effeuiller une rose;
Et le sépulcre où leur cendre repose
S'appelle encor *le lit des deux amants* (1).

---

(1) Hos, usque hodiè, *Duos Amantes* vocitare, loci incolæ voluerunt. (S. Gregor. Turon. Hist. Francor. I. 42, vel 47 in quibusd. édition.)

PROGRAMME

DES PRIX PROPOSÉS

POUR LES ANNÉES 1837 ET 1838.

Dans les années qui viennent de s'écouler, l'Académie avait proposé des questions d'histoire locale. Constante dans la marche qu'elle s'est tracée, et toujours guidée par les vues de son auguste fondateur, elle avait désiré constater l'état de la Lorraine pendant les règnes de ses derniers Ducs, et déterminer les modifications apportées dans les connaissances de ses habitants, leurs moeurs, leur industrie, par l'avénement de Stanislas, puis par la réunion du pays à la France. L'examen de ces questions, qui n'exigeait de la part des concurrents ni des études générales en histoire, ni des recherches trop pénibles, semblait éminemment propre à réveiller dans les cœurs lorrains, au profit de la grande famille française, les sentiments de patriotisme si célèbres dans notre histoire particulière.

On devait donc penser que de nombrenx concurrents se présenteraient pour disputer le prix ; il n'en fut rien.

Trompée dans son attente, l'Académie modifia ce sujet. Elle proposa d'examiner les causes de l'attachement des anciens lorrains pour leurs Princes, et d'indiquer la gradation par laquelle, malgré leur antipathie pour une domination étrangère, ils ont perdu insensiblement leur caractère de nationalité lors de l'avénement de Stanislas, avant de passer sous les lois de la France; enfin d'exposer les modifications les plus remarquables introduites par ces changements dans l'esprit, les mœurs, l'industrie de la Lorraine devenue française.

Nul concurrent ne s'étant encore présenté, l'Académie retire ce sujet de prix; elle ne renonce cependant pas à l'espérance de voir un jour paraître sur ces questions, propres à exercer de jeunes écrivains aux recherches historiques et aux compositions littéraires, quelque production digne de fixer son attention et de renouveler cet esprit d'individualité locale, signe d'une existence propre, qui brilla d'un si grand éclat chez nos ancêtres et fut la source des vertus qui les distinguaient, comme des hauts faits dont nous devons conserver la mémoire.

Aujourd'hui, et dans les mêmes vues, l'Académie appelle l'attention de nos compatriotes sur une question plus intimement liée qu'on ne le croit communément à l'histoire des mœurs et des coutumes du pays. Il s'agit des airs, des chants populaires. Une des faces les plus brillantes des âges écoulés, un des débris les plus anciens de leur civilisation propre, c'est en effet leur musique, langage inimitable qui respire une vie toute spéciale, toute différente de la nôtre, fidèle et frappante expression d'un état moral auquel notre époque est devenue presque entièrement étrangère.

C'est pour attirer parmi nous l'attention sur ce sujet important, que la Société propose de décerner une médaille d'or, du prix de 300 fr., à l'auteur qui, avant le 1.er janvier 1837, lui aura présenté le *Recueil le plus complet des chants, des airs nationaux et populaires qui, avant la domination française, étaient répandus en Lorraine.* Les airs doivent être notés avec soin, leurs mouvements seront indiqués, les paroles vulgaires y seront jointes. Le texte fera connaître, autant que possible, l'origine du morceau cité, et, s'il y a lieu, le fait historique, l'anecdote qui lui a donné naissance, la coutume ou la tradition qu'il rappelle, etc. Le prix sera donné dans la Séance publique de 1837.

C'est dans les villages les plus éloignés des villes, les moins exposés à l'influence du dehors, dans les lieux où les usages anciens se sont le mieux conservés à l'abri de l'invasion du vaudeville, de la romance, de l'ariette savante; c'est en prêtant l'oreille aux vieux cantiques, aux chants rustiques des paysannes, aux refrains que les villageois chantent *en rondiant*, comme ils disent, qu'on saisira sur toute la surface du pays lorrain le vrai caractère de cette musique indigène, qui nous reporte trois siècles en arrière, et qu'on ne peut entendre sans voir revivre pour ainsi dire autour de soi le bon peuple du temps des Ducs, loyale et primitive race dont cette mélodie simple et un peu mélancolique accentuait si naturellement l'idiome naïf et les sentiments généreux.

Mais il n'y a pas de temps à perdre; le moment de saisir et de fixer des souvenirs qui s'effacent incessamment est arrivé. Quelques années encore, et le rapide changement qui s'opère dans les mœurs et les coutumes des habitants de nos campagnes, aura rendu impossible une tâche qui peut encore être entreprise avec quelque espoir de succès, et dont l'exécution naturelle et judicieuse obtiendrait sans doute l'assentiment du public éclairé.

La Société Royale croit devoir annoncer qu'elle ouvrira, pour 1838, un concours sur un sujet lié à celui qui vient d'être proposé et qui appartient également à ce qu'on peut appeler les antiquités vivantes. Il s'agira du patois lorrain sur lequel des essais ont été faits, mais qui peut fournir encore la matière d'un travail important et étendu. Ainsi l'attention de nos compatriotes qui désireraient concourir doit se porter d'avance sur ce sujet, qui ne peut être dignement traité sans études préparatoires.

Outre cette question littéraire, l'Académie propose aux naturalistes la *Description géognostique du département de la Meurthe*. Convaincue de l'heureuse influence des connaissances géognostiques sur les arts les plus directement applicables aux besoins de la société, elle engage les auteurs qui voudront se livrer aux recherches capables d'atteindre le but qu'elle se propose, à ne pas se contenter de décrire les couches diverses dont notre sol est composé et de classer les fossiles qui le caractérisent; mais encore à recueillir des observations exactes autant que multipliées sur l'utilité et l'emploi des terres et des roches pour l'agriculture, la construction des édifices, des pavés ou des routes, la fabrication de la chaux, du plâtre, des poteries, des briques, en un mot, sur l'application des connaissances géognostiques aux divers besoins de la population de notre département.

Deux endroits de notre sol méritent de fixer l'attention des naturalistes : Lunéville, où feu le docteur Gaillardot, notre associé, a découvert un si grand nombre d'ossements fossiles antédiluviens, dignes d'être soigneusement étudiés ; et Dieuze, où se trouvent les mines de sel gemme, déjà décrites avec tant de talent par M. Levallois, et qui, considérées sous d'autres points de vue, peuvent amener des découvertes importantes.

La Société attend des concurrents la description des sources principales, des ruisseaux, des rivières, et, s'il est possible, une indication générale des profondeurs auxquelles se trouve l'eau, pour éclairer l'art d'ouvrir des puits communs ou artésiens ; enfin des observations sur l'influence de la destruction des forêts, surtout de celles qui occupent les lieux élevés, sur la dessication des sources et les maux qui en résultent. Elle désirerait aussi que les auteurs joignissent à ces documents des cartes géognostiques et des échantillons choisis. Ce concours restera ouvert jusqu'au 1.er janvier 1838 ; le prix sera une médaille de 500 fr.

La Société rappelle aux littérateurs qu'elle est toujours disposée à considérer comme titres d'association les *Éloges des illustres Lorrains* qu'elle n'a pas encore rassemblés dans la collection qu'elle se propose de publier un jour. Sans en exclure aucun, elle désigne plus particulièrement *Claude Gelée*, *Dom Calmet*, *M.me de Graffigny*, *Palissot*, *François de Neuf-*

château, *Boufflers*, *Choiseul-Gouffier*, *Mory d'Elvange*, dont les cinq derniers ont figuré au nombre de ses membres.

Elle rappelle encore les concours sur les *Topographies médicales des arrondissements de Nancy*, *Château-Salins et Sarrebourg*.

MÉMOIRES

DE LA

SOCIÉTÉ ROYALE DES SCIENCES, LETTRES ET ARTS

DE NANCY.

MÉMOIRES

DONT LA SOCIÉTÉ A VOTÉ L'IMPRESSION,

NOTE

SUR

L'OPINION ÉMISE AU SEIN DE LA SOCIÉTÉ,

PAR FEU L'ABBÉ VAUTRIN,

RELATIVEMENT AUX PIERRES MÉTÉORIQUES,

PAR M. DE HALDAT.

Les instructions récemment données par une Commission de l'Académie des Sciences aux officiers de la Bonite qui doit dans peu entreprendre un nouveau voyage autour du globe, parmi lesquelles se trouvent des réflexions de M. Arago, destinées à fixer leur attention sur les étoiles filantes, me fournissent l'occasion de rappeler l'opinion émise au sein de notre Académie, il y a déjà 24 ans, sur l'origine des bolides, dont l'histoire est maintenant liée à celle des étoiles filantes par des faits bien constatés et des vues très-ingénieuses.

Plusieurs observateurs, principalement frappés de l'éclat lumineux de ces météores, n'ont cru pouvoir les expliquer que par le moyen des agents qui, à la surface de la terre, produisent cet éclat. Pour les uns, les étoiles filantes n'étaient que des combustions opérées au sein de l'atmosphère, au moyen de matières élevées de la terre vers les régions supérieures par leur pesanteur spécifique, et enflammées par l'élévation de température de l'air ou par quelque réaction de leurs éléments. Pour d'autres, ces météores étaient placés au nombre des phénomènes de l'électricité atmosphérique avec les éclairs, les aurores boréales, le feu St.-Elme.

Quoique la première opinion, adoptée par Muschenbroeck, l'un des plus savants physiciens du siècle dernier, ait eu des partisans, elle a depuis paru si peu propre à satisfaire à tous les phénomènes des étoiles filantes, qu'elle est maintenant oubliée. Comment, en effet, admettre dans l'atmosphère l'existence d'une matière combustible, assez dense pour alimenter les immenses traînées lumineuses qu'elles offrent souvent et qui peuvent s'étendre à de très-grandes distances, et cependant assez légère pour demeurer en suspension dans un fluide aussi rare que l'air, jusqu'au moment où commence sa combustion? L'origine d'une telle matière exhalée de la terre pouvait paraître possible à une époque où l'on admettait dans l'air des soufres, des bitumes, des phosphores susceptibles de se condenser et de s'enflammer en s'y combinant ; mais ces suppositions sont de ridicules chimères aux yeux des savants de nos jours, qui, ayant analysé le fluide de l'atmosphère puisé à diverses hauteurs, n'y ont jamais découvert la moindre trace de pareilles substances. Enfin en admettant cette matière, il faut qu'avant son inflammation elle soit réunie quelque part en assez grande masse pour fournir aux combustions que suppose la lumière vive et prolongée des étoiles filantes, et on se demande alors pourquoi elle ne tombe pas souvent avant de s'enflammer ; ou si elle ne s'enflamme qu'au moment de sa condensation, on devrait la retrouver éparse et disséminée dans l'atmosphère. Cette hypothèse inadmissible pour ces deux raisons n'explique d'ailleurs ni la rapidité de la marche de ces météores, ni l'étendue des espaces qu'ils parcourent souvent, ni les directions qu'ils affectent, etc.

L'hypothèse fondée sur les analogies du fluide électrique ne me semble pas plus heureuse ; car les météores de cette classe se manifestent généralement à la suite des changements plus ou moins importants qui troublent l'équilibre électrique de l'atmosphère, tels qu'une évaporation rapide, des variations brusques de température, des vents violents, l'apparition prompte de nuages condensés, etc., qui ont inégalement réparti les éléments de la foudre. Les étoiles filantes au contraire, selon l'opinion générale des observateurs, ne sont jamais plus abondantes que dans les jours calmes, les belles nuits d'été. Elles ont lieu sans bruit, sans trouble dans l'air, sans agitation dans les nuages; enfin elles paraissent occuper une région bien plus élevée que celle où se montrent les éclairs foudroyants, comme on l'a observé souvent sur les montagnes même d'une élévation médiocre, quand on se trouve au-dessus des orages.

Je ne pousserai pas plus loin l'examen de ces explications incomplètes et à peu près oubliées; mais en me rappelant les vues de feu M. Vautrin sur l'origine des pierres atmosphériques, consignées dans le Précis de nos travaux en 1813 (page 8), j'ai cru y découvrir les germes d'une théorie qui s'accorde avec l'état actuel de nos connaissances. Peu après l'époque où Howard fit admettre, comme un fait incontestable, l'existence des pierres tombées de l'atmosphère, existence depuis long-temps avouée par les peuples, mais repoussée par les savants et rangée au nombre des fables; peu après l'époque où la chute de celles qui furent recueillies à Laigle mit ce fait hors de toute contestation, beaucoup de physiciens s'occupèrent de l'origine première de ces corps, dont la présence dans l'atmosphère avant leur arrivée sur la terre ne pouvait plus être douteuse. Parmi les hypothèses proposées on distinguera toujours celle de l'illustre auteur de la *Mécanique céleste*, qui, ne pouvant admettre dans l'atmosphère des corps denses soutenus contrairement aux lois de l'hydrostatique, pensa qu'ils ne s'y trouvaient qu'accidentellement et qu'ils venaient nécessairement de quelque corps céleste. Le voisinage des pics volcaniques de la lune se présentait naturellement pour expliquer les aérolithes, qui dès lors avaient leur origine dans les éjections de ses nombreux cratères, et qui nous étaient apportés par la force d'éruption des volcans lunaires combinée avec l'attraction de la terre.

M. Vautrin opposait à M. de Laplace les effets mêmes de la puissance par laquelle ce grand géomètre pensait que les aérolithes devaient être portés au-delà de la sphère attractive de la lune. En adoptant une estimation exagérée pour la limite de la distance à laquelle s'étendait cette action, M. Vautrin trouvait que la force explosive, nécessaire pour produire un effet aussi puissant, serait capable de ruiner et pour ainsi dire de démolir de fond en comble le corps dans la masse duquel elle s'exercerait. Mais les calculs de M. Poisson, fondés sur l'appréciation comparative des forces attractives de la terre et de la lune combinées dans leur action sur un corps situé sur la droite qui joindrait leur centre, ayant établi qu'une vitesse de 2200 m. par seconde suffirait pour porter les éjections lunaires au-delà des limites de sa sphère d'attraction, il est manifeste qu'une telle force, environ quintuple de celle que produit l'explosion de la poudre dans nos bouches à feu, ne pourrait produire, dans la masse de la lune, les ravages qui se présentaient à l'imagination de notre savant confrère. D'après quoi, l'origine attribuée aux bolides ne présenterait aucune impossibilité, surtout quand les montagnes volcaniques de ce satellite de la terre offrent des élévations qui semblent s'accorder avec la force de projection ou pour mieux dire d'éjection admise par M. Poisson.

M. Vautrin, opposé à l'origine lunaire attribuée aux aérolithes et persuadé qu'il était impossible de remonter à leur origine première, se bornait à les considérer comme des satellites minuscules de la terre, invisibles à cause de leur petitesse et de leur mouvement rapide, tant qu'ils circulaient au-delà des limites de notre atmosphère, et visibles quand ils viennent à en traverser quelque partie, dont la matière gazeuse, comprimée par la rapidité de leur marche, émet la lumière qu'elle recélait, comme dans le briquet pneumatique de cristal sous le choc du piston. Les étoiles filantes ne seraient ainsi que le phénomène du passage de ces satellites minuscules de la terre à travers notre atmosphère. On peut objecter sans doute contre cette opinion sur la nature des étoiles filantes, plus anciennement émise par Chladini et qui paraît maintenant s'accréditer, que les projectiles lancés par la poudre à canon, malgré leur énorme vitesse, n'ont jamais rien présenté de semblable en traversant l'air; mais les vitesses sont si différentes que l'objection a peu d'importance. Il y a en effet une bien grande différence entre le boulet, qui parcourt dans une seconde 12 à 1500 pieds, et l'aérolithe dont la course s'étendrait seulement de 10 à 15 degrés dans le même temps; car il pourrait, même près de la surface de la terre, avoir parcouru plus de cent lieues. L'état semi-vitreux des aérolithes, leur température élevée quand on les ramasse peu de temps après leur chute, semble encore favoriser l'opinion de M. Vautrin; mais à l'époque où il l'énonça, c'était tout ce qu'on pouvait dire en sa faveur.

Elle me paraît depuis avoir acquis de nouveaux degrés de probabilité. Les arguments qui l'appuient résultent d'une communication faite à l'Académie Royale des Sciences, le 30 novembre dernier, par M. Arago. Le savant secrétaire, rapprochant les époques de la chute des aérolithes en divers pays, a trouvé que le 13 novembre 1833 avait offert une chute de météores lumineux aux États-Unis; que le même jour, en 1799, M. de Humboldt avait été témoin d'une chute semblable, en Amérique; que M. Berard avait observé, le 13 novembre 1831, le même phénomène, accompagné d'un grand nombre d'étoiles filantes; qu'il avait encore eu lieu dans la nuit du 12 au 13 du même mois 1832; enfin, que le 13 novembre dernier (1835), vers 9 heures du soir, un météore igné, qui s'est manifesté à une distance éloignée au-dessus des montagnes, est venu éclater dans la commune de Belmont, département de l'Ain, où il a été observé et décrit par M. Milet Daubenton, qui en a retrouvé les débris analogues aux aérolithes. M. Arago tire de tous ces faits une conséquence très-favorable à l'opinion émise par feu notre collègue, en admettant qu'une quantité immense de corps opaques, circulant dans l'espace, viennent probablement, dans leur révolution périodique, couper l'orbite de la terre à peu de distance du point de l'écliptique occupé par notre planète, du 11 au 13 novembre, époque où leur entrée dans notre atmosphère les rend visibles par leur ignition.

L'existence d'un grand nombre de corps solides, que M. Arago croit disséminés dans l'espace, et disposés à rencontrer notre atmosphère dans leur révolution, et l'observation de M. Milet Daubenton, qui a vu éclater un météore lumineux sur un lieu où il en a recueilli les débris, dont qnelques-uns, ayant mis le feu à un toit de chaume, offraient les signes de l'ignition extérieure, caractéristique des bolides, prouvent que des météores semblables par leur éclat aux étoiles filantes donnent lieu à des chutes d'aérolithes.

La question des étoiles filantes jusqu'à présent si obscure me paraît donc avoir fait de véritables progrès en ces derniers temps, en sorte qu'il est presque impossible de méconnaître la relation entre les aérolithes et les étoiles filantes. Mais il est également clair qu'un grand nombre de questions attendent de nouvelles observations. Il me semble que la première serait une nouvelle détermination, approximative au moins, de la parallaxe des étoiles filantes, pour laquelle le professeur Brandes a porté jusqu'à 200 lieues au-dessus de la terre l'élévation où elles parviennent. Cette détermination, indispensable pour juger si elles brillent seulement lorsque les corps opaques qui les produisent atteignent l'atmosphère, doit servir de base à une théorie sur la cause de leur éclat. Car si elles brillent au-delà des limites de l'atmosphère, il faudra chercher à cet éclat une cause différente de celle aujourd'hui adoptée, ou du moins distinguer deux sortes d'étoiles filantes : ce qui répandrait de nouvelles ombres sur la question principale.

Si l'on attribue l'éclat des étoiles filantes à la compression de l'air, opérée par la rapidité de leur marche, il faut que les aérolithes pénètrent dans l'atmosphère, où se montrent les éclairs foudroyants et les étincelles électriques auxquelles on assigne aussi une cause semblable. Si l'on veut que cet éclat soit l'effet d'une réaction chimique du gaz atmosphérique sur la matière dont ils se composent, il faut encore qu'ils pénètrent l'atmosphère; et si l'on admet cette explication, il faudra chercher comment les oxides dont ces corps sont composés en presque totalité, peuvent s'enflammer à leur entrée dans l'air, lorsque déjà ils sont saturés d'oxigène. Ces dernières questions en entraîneraient encore d'autres, et appelleraient de nouvelles observations, des expériences plus ou moins difficiles, et pour lesquelles il faudrait être favorisé par d'heureuses circonstances. On ne peut donc assez applaudir aux instructions données aux navigateurs de la Bonite, qui, se consacrant à l'observation des phénomènes de la nature durant plusieurs années, seront, pendant les loisirs d'une longue navigation, dans une position très-propre à observer les phénomènes brillants des étoiles filantes. Quand ils ne nous feraient connaître avec exactitude que les différences présentées par ces météores, relativement aux époques et aux lieux les plus ordinaires de leur apparition, à l'état du ciel qui semble la favoriser, à la rapidité de leur marche, à la direction la plus commune qu'ils affectent, à la diversité de leur lumière et de leur éclat, à l'étendue qu'ils paraissent parcourir; ils auront toujours augmenté le domaine de la science de faits indispensables pour fonder sur une base solide la théorie de ces météores, qui depuis si long-temps semblaient braver tous les efforts du génie et toutes les ressources du savoir.

MODIFICATIONS

QUE SUBIT L'ATTRACTION DE LA TERRE DANS LES MONTAGNES;

OBSERVATIONS MÉTÉOROLOGIQUES FAITES SUR LE PUY-DE-DÔME;

PAR M. CH.-LÉOPOLD MATHIEU.

A une lieue environ de Clermont-Ferrand, sur une montagne que les anciens appelaient Gergoie, était bâtie l'antique Gergovie dont parlent les Commentaires de César. Cette capitale des Gergoviens est maintenant détruite et remplacée, du moins quant à l'importance, par Clermont. Le mont Gergoie, plus indestructible que les ouvrages des hommes, a résisté au temps; mais il a changé de nom: c'est maintenant le Puy-de-Dôme. Les expériences barométiques, d'après lesquelles Pascal a conclu la pesanteur de l'air, ont été faites sur cette montagne et ont rendu son nom justement célèbre.

La hauteur, l'isolement, la nudité du Puy-de-Dôme, présentent les circonstances les plus favorables pour les observations de toute espèce. Je crois pouvoir citer comme remarquables celles que j'y ai faites sur les modifications apportées par la montagne à l'attraction que la terre exerce de toutes parts. Des masses plus élevées que le Puy-de-Dôme, mais moins isolées, moins nues, ne présenteraient certainement pas des phénomènes aussi marqués. Son sommet, placé à 817 toises au-dessus de la mer, est celui d'un cône dont la hauteur est la moitié de l'élévation totale, et repose nu sur le groupe qui lui sert de base.

Lorsque dans les temps de pluie les nuages s'abaissent, chassés par le vent vers la cime de la montagne, au lieu de s'ouvrir et de l'envelopper de toutes parts, ils circulent à l'entour jusqu'à ce que sur le revers ils soient livrés à l'action latérale du vent, qui les chasse devant lui, la montagne ne le gênant plus alors dans l'impulsion qu'il leur donne. Cet effet est plus sensible encore, lorsque la direction du vent est un peu inclinée et que vers la fin de la pluie les nuages commencent à s'isoler.

Si le vent souffle par intervalles, irrégulièrement quant à la force, et cesse quelquefois d'agir, le nuage, au lieu de suivre sur-le-champ en ligne droite l'impulsion donnée, tourne d'abord autour du cône, et en voile successivement les différentes faces. Ces évolutions recommencent même quelquefois avant que le cône soit abandonné; puis, quand le vent acquiert assez de force, il rompt l'attraction de la montagne et lance dans sa direction les nuages qu'il lui arrache.

Lorsque, l'atmosphère s'étant éclaircie, les nuages plus divisés, plus légers et par conséquent plus élevés, sont poussés par un vent peu violent, ceux qui devraient, d'après leur direction, passer au-dessus du sommet de la montagne, au lieu de poursuivre leur route quand ils s'en approchent, comme ils le feraient s'ils flottaient sur la plaine, s'abaissent dès qu'ils arrivent à une cinquantaine de pieds du cône; ils viennent toucher sa cime dégarnie, marchent en l'effleurant tant qu'elle se continue; puis, dès qu'ils l'ont dépassée, ils semblent bondir, se relever à leur hauteur primitive, et continuer la route suivant laquelle ils avaient été lancés avant de subir l'attraction du sommet: phénomène analogue à celui du fil à plomb de la Condamine dévié de la verticale par l'attraction du Chimborazo.

C'est en parcourant plusieurs fois la route d'Aurillac à Clermont, que j'ai eu l'occasion d'observer ces différentes phases du passage des nuages autour et au-dessus de la cime du Puy-de-Dôme. J'ai pu ainsi remarquer sur eux les effets de l'attraction de la terre, continuée et augmentée proportionnellement à la masse et à la hauteur de la montagne, mais modifiée par la continuité, l'irrégularité du vent qui les poussait, ainsi que par leur élévation plus ou moins grande au-dessus de la cime.

Ces phénomènes se présentent si fréquemment, qu'il est facile de vérifier mes assertions. Ils indiquent que l'attraction de masse, agissant à la manière de l'attraction magnétique, retient autour du cône la vapeur qui le touche ou qui s'en approche, tant que la légère adhérence qui l'y applique n'est pas surmontée par la force du courant de l'air. Ils prouvent d'autre part que l'attraction du centre de la terre n'agit pas à travers la masse de la montagne, dense, compacte, etc., comme au travers de l'air, dans lequel elle ne trouve presque pas d'auxiliaire.

Il est évident que l'attraction centrale s'accroît de toute l'attraction de la montagne. Car, si, près de cette masse, elle n'était pas plus forte que dans un pays plat, le nuage ne descendrait pas constamment de la couche d'air dans laquelle il nage, pour venir effleurer la cime à mesure qu'il s'en approche. Cette observation, je le répète, confirme celle de M. de la Condamine, qui, de la déviation du fil à plomb causée dans les Cordilières par la masse du Chimborazo, conclut que les masses attirent indépendamment de la terre, ou plutôt qu'elles attirent comme elle, et que ce n'est qu'une seule et même attraction, proportionnelle aux masses et agissant en raison inverse du carré des distances.

Cette observation faite sur le Puy-de-Dôme est encore plus concluante que celle de M. de la Condamine; car ce savant académicien n'a observé que la déviation du fil à plomb opérée par la face de la montagne : ici c'est l'attraction de la masse entière dans la ligne directe du rayon de la terre qui passe par le sommet de la montagne. L'expérience doit être plus sensible sur le Puy, montagne entièrement compacte, que sur le Chimborazo, creusé par les éruptions volcaniques, et dont l'attraction doit par cette raison ajouter bien moins à l'attraction centrale, et ne surpasser pas autant l'attraction aérienne qui a lieu au-dessus des plaines.

Ces observations paraissent indiquer aussi que la terre, à sa surface, exerce sur les corps une force d'adhérence qui fait, dans les petites et premières distances, varier la loi de la décroissance de l'attraction en raison du carré de la distance.

Cette remarque établit donc une preuve de plus de cette attraction centrale de la terre; elle s'exerce sur tous les corps, s'accroît de l'attraction due à la montagne, agit sur les nuages, dont elle attire les pluies, retient les brouillards, les vapeurs atmosphériques, cause la chute de la foudre, va jusque dans l'espace chercher le satellite de la terre, le force à circuler autour d'elle; cause les irrégularités des mouvements des comètes qui s'approchent de notre globe, etc. Si nous ne savions que les choses qui nous paraissent les plus nuisibles sont souvent les plus grands bienfaits de la Providence, nous gémirions de voir que la chaleur produite par la réflexion des rayons solaires dans les plaines basses des vallons, ne peut s'étendre au-delà d'une certaine limite; qu'il existe des neiges perpétuelles, même au Chimborazo, sous la zone torride; que cette déperdition de calorique est encore plus rapide loin de cette zone et surtout dans les pays du nord, où languissent et souffrent ceux qui habitent cette zone glaciale, appelée par les anciens le triste royaume de Pluton; car ce n'est que par un feu continuel que la vie peut se conserver.

OBSERVATIONS

SUR LES

CONFERVES EN GÉNÉRAL

ET SUR

PLUSIEURS INFUSOIRES,

AVEC LA DESCRIPTION D'UNE NOUVELLE CONFERVE OSCILLATOIRE,

PAR M. PAUL LAURENT.

Le mouvement lent des conferves oscillatoires a été depuis long-temps remarqué par les naturalistes ; mais on a reconnu seulement depuis quelques années que certaines de ces conferves, composées de locules placés les uns au bout des autres, renferment des grains qui, à une certaine époque, sortent animés de leur habitation, et se meuvent avec plus ou moins de vitesse dans l'eau où est plongée la conferve.

En examinant, au mois de janvier dernier, les conferves de l'auge de la fontaine du faubourg St.-Georges à Nancy, j'ai trouvé une nouvelle oscillatoire, dont la planche ci-jointe montre la figure exacte (Voy. fig. 1, planche I). Elle doit être rangée, d'après l'avis de M. Gaillon, dans le genre *Rothella* de cet auteur.

En regardant pendant quelque temps de suite des fragments de cette conferve, j'ai pu très-nettement distinguer (et plusieurs personnes auxquelles l'usage du microscope est familier l'ont vu comme moi), que les grains verts perçaient souvent la partie latérale de leur habitation, et se répandaient dans l'eau en tournant sur eux-mêmes avec une très-grande vitesse.

La vie active de ces petits animaux n'est pas longue; ils ne tardent pas à se rassembler sur une tige de conferve (voyez fig. 2), et de leur amas épais et obscur sortent bientôt de nouveaux tubes. M. Gaillon a vu les animalcules de plusieurs autres oscillatoires venir se ranger, comme par instinct, les uns au bout des autres, et je crois fermement qu'il en est ainsi dans le cas dont j'entretiens le lecteur. Quoi qu'il en soit, voilà un nouvel exemple d'animalcules vivant groupés passivement ensemble dans d'étroites demeures, et capables d'acquérir pour quelque temps une force locomotrice, jusqu'à ce qu'ils rentrent presque aussitôt dans un repos parfait.

Les grains verts de l'oscillatoire de la fontaine du faubourg St.-Georges à Nancy ne sortent pas toujours séparés et indépendants les uns des autres. Il arrive parfois que la masse totale des grains contenus dans une case sort en bloc des flancs de sa conferve et constitue un animal multiple (voyez fig. 3), qui tourne sur lui-même, de la même manière que les petits grains verts, lorsqu'ils vivent séparés et hors de la conferve. A voir les mêmes allures de ces deux sortes d'êtres, on serait tenté de croire que les petits grains sont organisés comme les gros, c'est-à-dire qu'ils sont eux-mêmes composés de grains; ce qui tendrait à faire supposer ici des emboîtements successifs dans le volvox.

Au surplus l'animal multiple de la figure 3 jouit

encore d'une propriété singulière : tout en tournant sur lui-même, il se contracte et affecte diverses formes ; au milieu de ces convulsions, il abandonne parfois un de ses grains constituants.

Il faut ajouter que les grains verts dont la conferve accouche ne sont pas toujours mobiles. Très-souvent ils ne jouissent d'une vitalité locomotrice que tout juste ce qu'il faut pour sortir de leurs locules. Une fois échappés de leur première demeure, ils ne paraissent plus bouger ; mais ils ne sont pas morts pour cela ; car réunis insensiblement en bloc, ils ne tardent pas à s'organiser en conferves, comme dans le premier cas. Ces grains ont tout à fait l'aspect de ceux des conferves proprement dites. Cela montre encore combien, dans les derniers rangs de l'échelle des êtres animés, il est souvent difficile de décider si quelques-uns d'entre eux sont ou ne sont pas des animaux, et comment deux bons observateurs peuvent avoir raison tous deux et annoncer des faits qui paraissent contradictoires. Je profiterai de cette occasion pour parler d'une circonstance qui s'est présentée plusieurs fois à mes yeux. En rompant sur le porte-objet avec une pointe fine des tubes des conferves ectospermes de Vaucher, j'ai aperçu s'échapper en monades des grains verts qui y étaient renfermés. M. Bory de St.-Vincent a recueilli des faits semblables sur une conferve qu'il a classée parmi les conjuguées. M. Gaillon m'a appris qu'il avait remarqué très-souvent de pareilles circonstances ; et depuis mes observations sur la conferve de la fontaine du faubourg St.-

Georges. j'ai été témoin mainte fois de la force locomotrice des grains de plusieurs conferves proprement dites. On ne saurait trop insister sur ces sortes de locomotion, que des personnes qui ne les ont certainement pas vues veulent confondre avec de simples réactions électriques, qui sont purement mécaniques, et qui diffèrent évidemment des mouvements brusques et volontaires causés par les forces organiques. Je crois pouvoir affirmer, comme résumé de mes recherches au printemps dernier, la règle suivante : presque tous les animalcules que j'ai étudiés, jouissent de la propriété remarquable de s'unir deux à deux, trois à trois, quatre à quatre, etc., et de constituer ainsi des filaments, c'est-à-dire, des véritables némazoaires de M. Gaillon. J'ai pu d'ailleurs constater que ces unions d'animalcules n'avaient pas lieu ordinairement par des points quelconques de leur surface, mais bien par les parties de leur corps qui présentaient un orifice ou une saillie plus ou moins caractérisés : ce qui ferait penser que ces conjonctions sont des espèces de fécondations, ou tout au moins une méthode de nutrition commune.

Ainsi, pour citer des exemples, j'ai vu des œufs de plusieurs espèces de vorticelles s'unir, comme je viens de le dire, et former des tubes confervoïdes (figures 4, 5 et 6). Dans les figures 5 et 6 on voit des boutons latéraux, sessiles ou pédonculés, se développer souvent plus que les cellules de la conferve que constituent les propagules réunis, et affecter la forme exacte des vorticelles à l'état libre ; tandis que les autres s'alongent en cellules de conferves : et c'est ici le lieu de dire que souvent des associations du même genre se manifestent dans l'intérieur même des corps des vorticelles et des cellules de conferves de plusieurs autres espèces. J'ai vu sous mes yeux se constituer de la sorte des spirales composées de granules, qui s'ajoutaient les uns au bout des autres en conferves, et dans l'intérieur desquels les propagules s'unissaient plus tard en oscillatoires (voyez figure 7) et présentaient alors l'apparence d'organes intestinaux. Dans ces derniers temps, M. Ehrenberg a décrit de nombreux organes de ce genre dans plusieurs infusoires, tandis que ces mêmes organes ont échappé aux recherches d'autres savants qui par conséquent en contestent l'existence. Ne pourrait-on pas dire que M. Ehrenberg a vu, dans l'intérieur des animalcules, des filaments confervoïdes organisés, qui présentaient l'aspect d'organes intestinaux, et qui peut-être même en remplissaient les fonctions ; tandis que les autres observateurs ont étudié les mêmes individus à une époque de leur existence où les œufs intérieurs n'avaient pas encore assez de vie pour s'associer en conferves ? Les bras granuleux des polypes d'eau douce me semblent constitués de la même manière, et il est possible que plus tard on arrive à expliquer la formation des intestins dans des animaux supérieurs. Qui sait si on ne parviendra pas par cette route à découvrir l'origine de l'organisation en général ? Mais quittons le champ des conjectures et rentrons dans la description de faits observés. J'affirmerai encore que les queues de plusieurs vorticelles sont elles-mêmes des oscillatoires (fig. 8). Parfois, les grains reproducteurs ont déjà, dans l'intérieur même de la cloche-mère, des filets (fig. 9), qui suivent les jeunes vorticelles après l'accouchement et qui grandissent avec elle (fig. 10), ou qui, dans d'autres circonstances, sont rompus plus ou moins près de leur point d'insertion sur la jeune cloche (fig. 11); dans d'autres circonstances aussi l'on voit le bord de la bouche d'une vorticelle comme tapissée de petits boutons suspendus à un filet qui lui-même est inséré sur la cloche-mère (fig. 12).

Je terminerai ce mémoire en appelant l'attention sur une circonstance bien connue des naturalistes, mais qu'on n'a pas cherché à expliquer jusqu'ici. Il s'agit de ce qui se passe, lorsque deux cases de conferves conjuguées sont en présence et que les grains verts de l'une passent dans l'autre. Voici ce que j'ai vu il y a quelques mois et à plusieurs reprises. Représentons-nous deux fils de conferves conjuguées, dont les cases sont remplies de grains verts. J'ai très-nettement saisi le moment où les propagules sortaient vivantes de quelques-unes des cases qui les renfermaient, avec des signes non équivoques de vertu locomotrice, et se groupaient bientôt après cela sur les tubes des conferves qui les avaient renfermées. Or, lorsque ces tubes étaient fort près l'un de l'autre, en les suivant avec soin et patience sous le microscope, on les voyait insensiblement se rapprocher l'un de l'autre, ainsi que les deux groupes d'animalcules, et finir par se toucher en un point. Je crois qu'on peut se rendre compte de ce mouvement : car, ces deux groupes d'animalcules n'étaient autre chose que des centres d'absorption, c'est-à-dire qu'ils tendaient incessamment à opérer un vide autour d'eux ; ils ne pouvaient donc pas manquer, en soustrayant continuellement des molécules du liquide qui les séparait, d'exciter une pression du fluide ambiant qui les poussait petit à petit l'un vers l'autre.

D'après cela, n'est-il pas naturel de croire que, lorsque les animalcules se trouvent encore dans les cases ouvertes de deux conjuguées très-proches l'une de l'autre, ils doivent nécessairement produire le même effet, rapprocher insensiblement les deux bouches, et, lorsque celles-ci sont réunies, continuer à exercer une force d'absorption de dehors en dedans? Il y a donc là deux forces antagonistes en présence, et, la plus faible devant céder à la plus forte, un courant de fluide doit s'établir de l'une dans l'autre, c'est-à-dire que les grains verts, qui sont ou moins nombreux ou moins énergiques que ceux de la case opposée, doivent être tout doucement attirés en tout ou en partie dans l'autre cellule.

On a sans doute de la peine à comprendre que des forces d'absorption si minimes puissent avoir une action sensible ; je chercherai, dans le mémoire suivant, à prouver que cette influence peut devenir appréciable pour nos sens, lors même que notre vue n'est plus aidée par le microscope.

DE L'INERTIE

DE LA MATIÈRE,

ET DE LA FORCE ABSORBANTE

DES ANIMAUX INFINIMENT PETITS,

PAR LE MÊME.

L'étude des sciences a, pour certaines personnes, un attrait irrésistible, que les esprits lourds ou superficiels ont beaucoup de peine à comprendre, et qui leur paraît même une sorte de folie, surtout, si ceux qui en sont possédés se trouvent conduits par leurs spéculations particulières à des idées qui diffèrent de celles avec lesquelles on nous berce dans les écoles. En France, où tout est organisé d'une manière centrale, les nouveaux systèmes ont moins de succès possible que partout ailleurs, et si parfois quelque avanturier se hasarde à sortir de la route battue, il est bien rare que ses propositions ne soient pas repoussées d'abord avec une défaveur marquée.

Il n'en est pas de même en Italie, en Angleterre et surtout en Allemagne, où chacun peut impunément émettre les rêveries les plus extraordinaires. Si elles ne sont pas reçues comme vraies, elles sont admises, du moins, comme distractions de l'esprit; et d'ailleurs là où tout le monde laisse le champ libre à son imagination, il est prudent de montrer aujourd'hui de l'indulgence pour un collègue, quand on prévoit que demain on aura la même faveur à solliciter pour ses propres oeuvres.

Cette liberté me sourit beaucoup si je la compare à l'allure uniforme de l'école française, où tant de gens craignent de faire un pas en avant sans un cortége scientifique, plus embarrassant de jour en jour et déjà si considérable, que la durée de la vie d'un homme, qui veut se lancer dans la carrière, ne suffit pas toujours pour les apprêts du voyage. Cependant l'indépendance des Allemands dont je parle, cette licence même, si on veut l'appeler ainsi, loin d'avoir été un point d'arrêt pour la science, a constamment escorté de grandes découvertes. Quel pays a plus fait pour l'histoire naturelle, que cette contrée si pleine de sève et de génie, si peuplée en même temps d'esprits enthousiastes, de cerveaux échauffés, brûlés peut-être dans la solitude et la contemplation, et qui laissent échapper parfois comme par accès les fantômes les plus bizarres? D'autre part, quel peuple a jamais offert un plus nombreux et plus curieux assemblage de génies originaux en tout genre, que la vieille Angleterre, pays classique de la liberté d'opinion? C'est qu'en Angleterre, c'est qu'en Allemagne, comme en Italie, il y a plusieurs centres, plusieurs foyers, plusieurs écoles enfin, et qu'en France, il n'y en a véritablement qu'une seule. Je serais assurément bien fâché qu'on crût que je veux ici attaquer la prééminence si justement acquise des hommes qui composent la première Société savante de France. J'observerai seulement que ces hautes réputations réunies en bloc exercent une sorte d'attraction sur tous les esprits, les retiennent dans la même sphère d'activité, et en empêchent quelques-uns de suivre un heureux filon échappé jusque-là aux observateurs.

L'*inertie* de la matière est posée en axiome par les physiciens. Cet axiome, accepté dans toute sa généralité, a, peut-être dans plusieurs cas, fait négliger à tort certaines forces qui, par leur multiplicité, doivent cependant jouer aussi un rôle notable dans la nature. Prenons pour exemple une goutte d'eau, et écoutons sir Herchell à ce sujet.

« Nous savons quelle fécondité de vie éclôt et se « développe aussitôt que l'eau, l'air, la chaleur et la « lumière se trouvent réunis. Ces éléments une fois « combinés ne se livrent-ils pas à une activité irrésis- « tible, et ne font-ils pas pulluler d'êtres vivants la « goutte d'eau dans le rayon de lumière? Souvent je « me suis amusé à suspendre une petite goutte d'eau « sur la tête d'une épingle ordinaire, que je plaçais « sur un morceau de cristal oblique, disposé dans un « microscope solaire. La goutte d'eau était si petite, « qu'au lieu de suivre le plan incliné du morceau de « cristal, elle se maintenait dans la position où je l'avais « jetée, et la puissance de l'instrument multipliait tel- « lement les objets, qu'elle paraissait avoir douze pieds. « Au moyen d'un miroir placé à cinq pieds de la len- « tille, j'observais tour à tour chacune des portions « infiniment petites de la goutte d'eau. Ainsi agrandie, « elle était peuplée d'animalcules de plusieurs es- « pèces, depuis $\frac{1}{18}$ de pouce jusqu'à 13 pouces; souvent

« la foule en paraissait si nombreuse, qu'il aurait été « impossible, dans cette étendue de 12 pieds, de placer « la pointe d'un crayon sur un seul endroit inoccupé. « Quelquefois je n'apercevais plus qu'une vaste nappe « de petits animaux vivants qui semblaient éclore tout « à coup, les uns gros comme la tête d'une épingle, « les autres comme une lentille, tandis que des ani- « maux plus parfaits se jouaient au milieu de ces nou- « veaux venus. Lorsque les habitants de la goutte d'eau « devenaient trop nombreux, ils formaient une *masse* « *opaque et mouvante*, dont j'étais obligé d'effacer « une partie pour observer plus facilement les mou- « vements du reste. Quelle innombrable multitude « d'êtres animés! Ils vivent sans doute des débris « d'autres animaux plus petits encore, et que le mi- « croscope solaire lui-même ne peut saisir. »

J'ai de la peine à concevoir comment, après de pareilles expériences, les physiciens peuvent regarder cette goutte d'eau comme inerte. Certes, cette *masse opaque et mouvante* communique au liquide un mouvement incontestable, et d'ailleurs la somme des forces organiques répandues dans la goutte d'eau ne peut manquer d'exercer sur les milieux ambiants une action différente de celle de la simple attraction.

Je sais bien qu'on me répondra que le mouvement de l'eau est dû aux animalcules et non pas à celui de ses molécules propres; tuez par un moyen quelconque ces animalcules, et le mouvement cessera aussitôt. Quoiqu'il soit peut-être bien difficile de détruire complétement l'organisation dans le liquide, j'accepte la proposition entière, et je suppose que tout passe dans la goutte d'eau immédiatement de la vie à la mort. Je crois qu'on m'accordera sans peine que, toutes ces formes vitales cessant d'agir à la fois, l'action de la goutte d'eau sur les milieux ambiants sera modifiée ; le bon sens seul l'indique. Mais ce qu'il importe d'établir, c'est de reconnaître si les forces vitales d'êtres infiniment petits peuvent exercer une influence assez grande pour devenir perceptible à nos sens, ce dont la faiblesse partielle de ces forces pourrait bien faire douter. Or, c'est ce que j'ai cherché à apprécier par les expériences suivantes.

Je me suis procuré d'abord de l'eau d'un fossé situé au-dessus de l'étang St.-Jean près de Nancy, et dans laquelle je savais que nageaient une grande quantité de monades, sans compter celles qui, réunies en groupes, paraissaient comme assoupies, et laissaient de temps en temps se détacher quelques-unes d'entre elles qui ne tardaient pas à venir se rejoindre à la masse. Une seule goutte d'eau de deux millimètres de diamètre contenait plusieurs milliers de monades nageantes. Supposons qu'elle n'en ait contenu qu'un mille. Cette eau était renfermée dans un bocal circulaire d'environ un décimètre de diamètre ; il y avait donc dans la tranche mince de cette eau près de deux mille fois celle de la goutte d'eau, c'est-à-dire, plus de deux millions de monades. La hauteur de la goutte d'eau pouvant être appréciée au plus à $\frac{1}{2}$ millimètre, et celle de l'eau dans le vase étant égale à un décimètre et demi, il s'ensuit que cette eau contenait 300 tranches de deux millions de monades au moins, c'est-à-dire, plus de 600 millions d'habitants, agités en tous sens et visibles à une simple et forte loupe, sans compter ceux qui ne donnaient pas signe de vie, sans compter surtout ceux bien plus petits et plus nombreux que le grossissement très-supérieur du microscope solaire de sir Herchell y aurait fait probablement apercevoir.

Cela posé, j'ai adapté au col du bocal un tube recourbé dont une des extrémités, lutée dans le col, ne descendait pas jusqu'au liquide, et dont l'autre plongeait dans un bocal rempli d'eau pure. Il est évident que, si l'eau renfermée dans le premier bocal s'était comportée d'une manière inerte, les choses auraient dû rester au même état dans les deux vases; car ils étaient placés dans les mêmes circontances. Or, voici au contraire ce qui est arrivé. L'eau pure du second vase, n'ayant pas tardé à s'élever dans le tube recourbé, est venue retomber en gouttelettes dans le vase habité par les monades, et cela pendant plusieurs jours, de telle sorte que le niveau du liquide y a été sensiblement exhaussé. Il est évident qu'un vide avait été opéré dans le premier bocal, vide que j'ai attribué à la nutrition des animalcules qui absorbaient une certaine quantité des milieux ambiants. Cependant, comme on aurait pu dire que l'eau du fossé n'était pas si saturée d'oxigène que l'eau pure du second bocal, et qu'alors il pouvait arriver qu'elle absorbât l'air de la partie supérieure du flacon, j'ai cru convenable de repousser cette objection, en cherchant à constater par des expériences directes l'influence des animalcules sur l'absorption du liquide, dans la pensée que le meilleur moyen de parvenir au but était de faire périr ces animalcules, et d'examiner si l'absorption cessait en même temps que leur existence.

J'avais déjà acquis précédemment la certitude qu'en versant dans le liquide une dissolution de sulfate de cuivre, l'action délétère de ce sel était pour ainsi dire instantanée et suspendait tout à coup le mouvement des monades. Aussitôt donc que j'ai eu introduit dans le bocal renfermant les monades une certaine quantité de ce poison, elles ont été tuées, et l'ascension du liquide s'est arrêtée. Je n'aurais pas hésité à attribuer, en vertu de cette expérience, l'absorption de l'eau pure dans le tube à la force vitale des monades, dont chacune peut être considérée comme un petit centre d'absorption, s'il ne m'était pas resté encore un doute. Je voulais savoir si l'introduction du sulfate de cuivre dans le liquide n'y causait pas un exhaussement de température; car alors cette augmentation de température aurait dû repousser l'absorption au moins pendant quelque temps. Pour éclaircir ce point, j'ai plongé une des boules d'un thermomètre différentiel dans le liquide, et, après quelques légères oscillations, il m'a été impossible de saisir aucune différence sensible de température. Par conséquent, je me crois autorisé à admettre que les monades elles-mêmes ont une force d'organisation assez vive pour qu'elle devienne sensible dans le cas qui nous occupe. Les mêmes expériences ont été faites sur de l'eau qui contenait une grande quantité de volvox globuleux, et les résultats ont été les mêmes. D'après tout ce que je viens de dire, je conclus que, toutes les fois qu'en physique il s'agira d'étudier des circonstances où les animalcules auront pu se développer en foule, on aurait tort de négliger l'action de ceux-ci sur les milieux ambiants, c'est-à-dire, celle de forces infiniment petites, mais qui, multipliées par des coefficients énormes, deviennent des quantités finies. Ainsi, par exemple, dans un état d'atmosphère humide et chaud, où l'eau, l'air, la chaleur et la lumière sont en présence, c'est-à-dire, où toutes les conditions énoncées par sir Herchell pour le plus grand développement des animalcules se trouvent remplies, n'est-il pas supposable qu'ils y jouent un rôle notable et digne de l'observation des savants, surtout si l'on fait attention que la pluie, la neige, la grêle, les gouttes de rosée et l'eau qui s'évapore des plantes recueillies dans un verre, contiennent des molécules organiques.

ÉTUDES

DES

RACINES DÉVELOPPÉES

DANS L'EAU,

PAR LE MÊME.

CHAPITRE I.

J'ai cherché à prouver dans les Mémoires de l'Académie de Nancy (1834-1835, page 9), que l'alongement de la racine du haricot (*Phaseolus compressus* De Cand.) résulte en partie du développement en cellules des nombreux grains que l'œil armé d'un microscope distingue au bout de la racine.

Pour consolider cette opinion, j'ai examiné le développement des racines de plusieurs plantes bulbeuses, entr'autres, celui des racines de l'oignon commun (*Allium Cepa*) et du *Narcissus Tazetta*. Ces plantes, comme chacun le sait, pouvant se développer dans l'eau, j'ai pressenti que l'alongement des racines, vu à travers un vase transparent, serait facile à suivre pas à pas, et que ces organes descendants laisseraient assister à la naissance des parties incessamment nouvelles de la spongiole, sans que leur étude se trouvât compliquée par l'alongement des parties déjà existantes, comme cela arrive pour les extrémités ascendantes des végétaux.

Le vase dans lequel plongeaient les bulbes qui ont servi aux expériences suivantes était une caisse de verre, à faces parallèles, et remplie d'eau de fontaine.

La manière la plus facile d'examiner les spongioles consiste à placer d'abord un oignon commun au-dessus de la caisse dont il vient d'être question et que l'on a préalablement remplie d'eau. Bientôt les racines se développent, et pour peu qu'on incline le bulbe, de manière que les racines soient pressées contre la face de verre tournée vers l'observateur, les spongioles venant à s'appliquer à la surface interne de la caisse, on peut en examiner les derniers détails avec facilité.

Il faut prendre pour cela le corps d'un microscope, l'entourer d'un cylindre de carton, et fixer sur ce dernier un assez gros morceau de cire à modeler; cette cire sert à attacher le microscope horizontalement sur une planchette qu'on approche de la caisse, de telle sorte que le bout du microscope touche presque la face de verre de cette caisse. On élève ensuite et l'on abaisse l'instrument, jusqu'à la hauteur de la spongiole que l'on veut étudier, au moyen de feuilles de carton mince. Il ne reste plus qu'à placer l'instrument au foyer; ce à quoi l'on parvient en tâtonnant avec la main, ou en employant la vis de rappel.

Une petite lampe, placée derrière la caisse de verre, éclaire suffisamment les spongioles, et pour avoir le plus de netteté possible dans les contours, on a soin de la placer à peu près dans le plan vertical qui passe par le rayon visuel dirigé vers la spongiole.

La figure 13 (Pl. I) représente le bout d'une des

racines d'un oignon ordinaire, dont plusieurs racines étaient venues se developper jusque contre la face de verre de la caisse.

Au premier coup d'œil, on voit, par l'examen de cette figure, deux choses tout à fait distinctes: 1.° dans la partie supérieure, des corps cellulaires alongés; 2.° au-dessous, un amas confus de grains organiques.

J'ai commencé le dessin d'après nature de cette racine, le 28 janvier 1836, à trois heures du soir. Le lendemain 29, à quatre heures du soir, elle m'offrait l'aspect que j'ai indiqué scrupuleusement dans la figure 14. Si l'on porte les yeux sur la cellule *A* de cette figure, qui correspond à la cellule *A* de la figure 13, on trouvera cette cellule *A* entourée de nouvelles cellules développées, les unes au-dessus, les autres au-dessous de *A*, de sorte que ces nouvelles cellules forment un collier supérieur et un collier inférieur à *A*.

J'ai repris le même jour, à neuf heures du soir, l'étude de l'extrémité de la racine, et j'ai pu distinguer encore, au-dessus de *A*, de nouvelles cellules nées au milieu des anciennes; le collier inférieur à *A* s'était mieux développé, et un autre collier, placé plus bas et au niveau de *C* (fig. 15), commençait à montrer ses cellules, tandis que de nouvelles cellules apparaissaient aussi au milieu de l'extrémité granuleuse de la spongiole.

Le lendemain, à trois heures du soir, j'ai dessiné d'après nature la figure 16, dans laquelle on reconnaît que de nouveaux colliers de cellules supérieurs et inférieurs à la cellule *A* de la figure 13 se sont encore manifestés; à chaque expérience, la masse totale des grains organiques inférieurs à *A* s'était sensiblement modifiée et augmentée.

Il me paraît impossible de ne pas admettre ici que le tissu cellulaire nouvellement formé à chaque examen, s'est développé de trois manières. 1.° Une partie de cet alongement a eu lieu au-dessus de la cellule *A* par l'apparition de nouvelles cellules, au milieu des grains organiques des espaces intra-cellulaires;

2.° Le second accroissement du tissu a eu lieu au-dessous de la cellule *A*, par l'apparition de nouvelles cellules, au milieu des grains organiques situés au-dessous de *A*;

3.° Un troisième accroissement a été le résultat de l'alongement de plusieurs cellules qui existaient déjà à l'époque du premier examen.

Ainsi donc, on peut dire que *les granules de la spongiole renfermaient les rudiments des nouvelles cellules*.

Plusieurs physiologistes avaient déjà indiqué le véritable rôle de ces grains; mais M. De Candole appelait encore récemment l'attention des observateurs sur ce point.

CHAPITRE II.

Tout en observant les circonstances que j'ai mentionnées dans le premier chapitre, j'avais souvent remarqué un mouvement incontestable dans un certain nombre de grains placés dans la spongiole, autour de laquelle se jouaient des infusoires d'une plus grande dimension. En examinant avec attention ces animalcules, je les ai presque tous reconnus pour des Paramœcies ovifères (Encyclopédie méthodique). J'ai d'abord cru qu'ils s'étaient développés dans l'eau du bocal, et qu'attirés par les sucs de la spongiole, ils venaient y puiser une nourriture abondante; mais je n'ai pas tardé à douter, pour plusieurs raisons, de l'exactitude de cette idée.

En effet, ces paramœcies (fig. 13) semblent avoir leur existence liée à celle du végétal. Ils arrivent à la spongiole et en partent incessamment, comme des abeilles à l'extrémité d'une ruche; d'autrefois, j'en ai remarqué qui venaient se placer en *P* entre les grains et de nombreux filets qui pendent à la spongiole, et qui, le lendemain, étaient définitivement captifs; de même qu'on voit souvent des volvox comprimés et prisonniers entre des filets de conferves. On répondra à cela que ces paramœcies sont morts dans cette position; j'ai lieu de penser cependant qu'il n'en est pas ainsi: car, il m'est arrivé plusieurs fois de remarquer des fils semblables à des fils d'araignée s'échapper des spongioles et descendre dans le liquide (particulièrement des spongioles d'un bulbe de *Narcissus tazetta*) placé sur le marbre chaud d'un poële et baigné dans l'eau. Ces fils étaient composés d'une matière gluante, dans laquelle on reconnaissait facilement des têtes de vorticelles, des filets rompus, avec ou sans boutons, des trachées, des cellules, des grains, et aussi des paquets d'utricules que j'ai d'abord pris pour du tissu cellulaire, mais auxquels j'ai bientôt reconnu un mouvement propre. Un examen plus attentif m'a montré ensuite des paramœcies ovifères qui se détachaient avec peine de ces masses gluantes. Tout le paquet n'était lui-même qu'une agglomération de ces infusoires pressés les uns contre les autres et affectant l'aspect du tissu cellulaire (fig. 17).

J'ai tâché alors de reconnaître si ces animalcules avaient leur existence véritablement liée à celle du végétal; j'ai mis pour cela des bulbes de plusieurs espèces de plantes dans des entonnoirs de verre dont l'orifice inférieur plongeait dans un flacon plein d'eau. Les bulbes se trouvaient ainsi à environ trois pouces au-dessus du niveau de l'eau. Les racines n'ont pas tardé à paraître et à descendre dans l'entonnoir, sans toutefois toucher l'eau. J'ai étudié les extrémités de ces racines, et, avec le microscope, j'ai distingué très-facilement les mêmes paramœcies qui se jouaient dans une goutelette d'eau pendue aux spongioles. Cela était surtout visible lorsqu'une partie de cette goutte d'eau s'était détachée contre la paroi intérieure de l'entonnoir. On ne peut pas supposer ici que ces animalcules se soient transportés de la surface du liquide jusqu'aux spongioles; il me semble plus naturel de penser que leurs germes appartenaient au végétal lui-même. Cependant on pourrait encore dire que ces germes ont été portés par l'évaporation jusqu'à la racine; aussi ai-je cherché à étudier ces infusoires avec le plus d'attention que j'ai pu, ainsi que leur manière d'être aux extrémités des racines.

Il y en a qui sont immobiles; d'autres qui ne font,

pour ainsi dire, qu'osciller sur eux-mêmes. Près de ces derniers, on en voit qui se traînent péniblement; tandis que d'autres paramœcies s'agitent avec une grande vitesse, en manifestant des mouvements très-vifs d'avance et de recul, ou de rotation. En étudiant ces derniers avec attention, j'ai été fort étonné d'en remarquer, comme je l'ai déjà dit, passant de cette vie active à un repos parfait.

Soit en effet (fig. 18) un premier animalcule *a* venant se poser contre la racine d'un oignon commun; j'ai vu mainte et mainte fois un second animalcule *b* se poser contre le premier, et se souder bout à bout avec lui. Plus tard, j'ai vu ce dernier accoucher d'un ou de plusieurs granules. Quelquefois un gros utricule sortait aussi de l'utricule *b* et alongeait le commencement du filet confervoïde *ab*. En continuant l'examen de la racine, j'ai pu assister à la formation de la conferve ou du collier *cdf*, par la jonction bout à bout d'un plus grand nombre de paramœcies, et j'ai été ainsi conduit à reconnaître que tous les colliers dont j'ai déjà parlé, et qui par leurs formations successives constituaient la surface de la spongiole, avaient la même origine. Les infusoires ainsi réunis en chapelet donnent donc naissance à des oscillatoires semblables à celles que j'ai décrites dans le premier mémoire.

Si l'on examine les spongioles d'une racine qui s'est développée hors de l'eau, l'extrême transparence de ces spongioles permet encore mieux d'en étudier la construction; et si on vient à les plonger dans l'eau, on voit aussitôt des animalcules, et principalement des paramœcies, qui se mettent à nager.

Il ne faut pas croire que ces animalcules aient tous la même grosseur; il en est encore ici comme dans les oscillatoires, où les granules producteurs ne parviennent pas tous au même degré de développement. Le degré de température où ils vivent agit à la fois et sur leur taille et sur leur énergie de locomotion; car, lorsque le bocal dans lequel plongeaient les bulbes était placé sur le marbre chaud d'un poële, les animalcules manifestaient une grande somme de vie; et lorsqu'au printemps j'ai cessé d'entretenir du feu dans mon cabinet, le nombre de ceux qui circulaient autour des spongioles a beaucoup diminué, et même, dans certains cas, j'aurais pu douter de tout ce que j'avais vu précédemment, car tout mouvement avait disparu; mais une dissection scrupuleuse de la spongiole m'a toujours fait alors retrouver les mêmes individus. Pour bien exécuter cette dissection (fig. 19), je coupe la spongiole en deux parties, avec un rasoir dont la lame passe par l'axe de la racine; je place une des moitiés entre deux verres au milieu d'une goutte d'eau pure et j'aplatis le fragment du végétal entre ces deux plaques. Tout est ainsi ramené au même plan, et les granules donnent encore alors des signes de locomotion.

Aux points *a, b, c* de la figure 19, on voit des paramœcies à l'état libre, d'autres accouplés en *d;* ailleurs on y voit des filets de ces animalcules *e, f, g* accouplés en némazoaires ainsi qu'en *h, i, k;* d'autres animalcules ouverts *l, m* et répandant leurs grains avec ou sans pédicelles. Outre cela, on y distingue des cloches de vorticelles avec leurs filets, comme en *n*, *o*, *p*, et une cloche libre sans support en *q*; de nombreux filaments confervoïdes sortent dans tous les sens de l'extrémité de la racine. Je ferai encore remarquer les cloches *r*, *s*, *t*, qui sont emboîtées l'une dans l'autre; enfin des grains nombreux sortent par le lieu de jonction des utricules réunis en conferves, comme en *v*, *x*, *y*.

Pour isoler ces divers organes, il est bon de presser les verres entre ses doigts, sous le microscope même, et de leur donner ainsi de petites secousses qui les séparent les uns des autres. Mais il faut dire que, dans les racines d'une même plante, on est loin de retrouver toujours les mêmes circonstances: ainsi, j'ai vu des utricules qui renfermaient un gros grain intérieur; dans d'autres, ce grain était encore plus développé, et remplissait toute la cavité de l'utricule mère; d'autres utricules laissaient apercevoir dans leur intérieur des filets tournés en hélice, comme dans les conferves à spirales granuleuses; d'autres aussi montraient sur le bord de leur ouverture de petites vorticelles, comme nous en avons décrit dans le premier mémoire, et de là partaient, dans d'autres cas, des trémelles tournées en hélices les unes autour des autres. Dans les espaces intra-cellulaires, on pouvait voir avec netteté des filets semblables à ceux dont je viens de parler.

La figure 20 représente l'extrémité d'une racine de *Narcissus tazetta* développée dans l'eau. On y voit un très-grand nombre de cloches de vorticelles avec leurs filets en tire-bourre ; et j'ai constaté que les grains organiques de la spongiole finissaient par envahir plusieurs de ces cloches qui devenaient partie du végétal.

Dans la figure 21, on voit un fragment de la spongiole d'une racine d'un *Carex ;* dans ce fragment, des spirales granuleuses sortent de deux utricules.

La figure 22 représente l'extrémité d'une racine de pomme de terre. Elle offre des paramœcies libres ou accouplés, des cloches avec ou sans pédicelles, et une autre espèce d'animalcule du genre des paramœcies, mais approchant plus de la forme ovoïde que les paramœcies ovifères. Ces infusoires ont, comme les autres, la faculté de se réunir en chapelet, et offrent de plus une ressemblance frappante avec les grains d'amidon des tubercules. Si je ne les avais pas vus s'agiter à la spongiole, je les aurais confondus avec ces derniers ; ils me paraissent *identiques* avec ceux-ci.

J'ai rencontré les mêmes faits réunis ou séparés dans les racines de l'épicéa, dans celles de la lentille d'eau, dans les *Carex*, dans le *Myosotis palustris*, dans la *Veronica becabunga*, etc.

Les animalcules dont il vient d'être question existent encore aux spongioles, lors même que celles-ci ne sont pas plongées dans l'eau, et qu'elles se sont seulement développées dans la terre humide. Pour s'en convaincre, il suffit de placer dans l'eau une racine extraite de terre avec beaucoup de précautions ; on y voit aussitôt apparaître quelques-uns des infusoires que j'ai signalés, et qui sont aussi contenus dans la terre végétale humide.

Je terminerai ce chapitre par la description d'un organe que j'ai souvent remarqué en dedans et en dehors des racines (fig. 23 et 24). Il s'agit d'une espèce de ruban composé de paramœcies soudés ensemble; très-souvent ces rubans sont tournés sur eux-mêmes, de manière à constituer un véritable tube.

CHAPITRE III.

Il est possible de résumer en peu de mots les résultats des expériences précédentes.

1.° Aux spongioles des plantes étudiées dans le présent mémoire séjournent diverses sortes d'infusoires. Ces infusoires jouissent de la propriété de constituer des conferves oscillatoires disposées en collier autour du bout de la racine.

2.° Tantôt, ces oscillatoires sont droites, tantôt elles sont tournées en hélice; d'autres fois ces filets confervoïdes sont associés en rubans ou en cordes plus ou moins tordues sur eux-mêmes.

3.° Les animalcules ainsi associés contiennent des granules reproducteurs dont ils accouchent à une certaine époque de leur existence. Ces accouchements ont lieu par la ligne de jonction des animalcules ou par l'extrémité des conferves.

4.° Souvent les utricules renferment des spirales granuleuses, comme cela arrive pour les conjuguées à spirales.

Ici se présente une question importante. Les associations confervoïdes dont je viens de parler sont-elles simplement une production parasite tenant à la spongiole, ou bien font-elles partie intégrale du végétal, c'est-à-dire, les rangées de cellules dont le tissu végétal se compose sont-elles constituées comme les némazoaires dont je viens de parler?

Je suis persuadé qu'il faut répondre, *oui,* à la seconde question, ou, en d'autres termes, que les couches intérieures du végétal ont la même constitution que les couches concentriques extérieures de la spongiole. Je crois en avoir acquis la certitude par la dissection, en plaçant des lames minces de la racine entre deux verres, au milieu d'une goutte d'eau; à mesure qu'on s'éloigne de la spongiole, les utricules, plus anciennement unis en conferves, prennent insensiblement la forme des cases des conferves ordinaires. Cependant, il m'est souvent arrivé de retrouver des paramœcies, des vorticelles, etc., dans l'intérieur même des tissus, aux endroits où il existait une lacune, dans laquelle les animalcules non comprimés conservaient leurs formes naturelles. Je les ai reconnus dans une foule de plantes qu'il serait trop long d'énumérer, soit dans la racine, soit dans les tiges et plus particulièrement dans les parties supérieures. Ainsi, par exemple, j'ai pris une branche de *Corchorus;* je l'ai plongée à moitié dans l'eau, de telle sorte qu'un certain nombre de ses bourgeons étaient immergés, tandis que les autres étaient exposés à l'air. Les bourgeons immergés se sont un peu développés, et autour d'eux, surtout à leur extrémité, ont apparu des filaments blanchâtres très-légers qu'on aurait pu prendre pour de la moisissure. J'ai placé sous le microscope le plus petit de ces bourgeons au milieu d'une goutte d'eau, et j'y ai vu aussitôt une multitude innombrable de trémelles infiniment petites et de paramœcies d'une exiguité extrême. Tout se passait là comme à la racine des plantes que j'ai citées précédemment.

Quant aux bourgeons placés hors de l'eau, ils n'ont pas tardé à produire des feuilles très-alongées, et dont les dents étaient terminées, les unes par des trémelles simples, les autres par des trémelles constituées en hélice comme des élatères; on y voyait aussi des rubans composés de plusieurs trémelles réunies.

Ces expériences m'ont fait penser que les filaments cotonneux qu'on trouve dans certains bourgeons devaient avoir beaucoup de rapport avec toutes les oscillatoires composées de paramœcies ou d'autres animalcules à la spongiole. Ayant examiné ceux du maronnier d'Inde (*Hippocastanum*), j'ai eu le plaisir de vérifier mes prévisions : j'ai reconnu des oscillatoires plates composées de paramœcies, et qui étaient en train de lancer leurs granules reproducteurs par leurs extrémités et par les lignes de jonction des utricules; certains de ces filets étaient réunis entre eux et donnaient lieu à un gros vaisseau (fig. 25 et 26).

Enfin au milieu de ces filaments, j'ai rencontré un jeune tissu cellulaire qui m'a paru entièrement composé de paramœcies dont la forme primitive était très-peu altérée. J'ai imaginé alors d'infuser dans de l'eau un paquet de ce jeune tissu, espérant donner ainsi l'occasion aux très-jeunes granules de se mouvoir et de se développer en paramœcies de la même forme que celle des utricules des filaments. Or, le dixième jour, tout ce que j'espérais s'est montré comme je le supposais et les animalcules n'ont pas tardé à se montrer, les uns séparés du paquet, les autres y tenant encore en s'agitant, et à se constituer en conferves identiques à celles des filaments cotonneux. Cette expérience facile à répéter me paraît concluante.

D'après tout ce que j'ai exposé, j'ai été tout naturellement amené à regarder les granules des utricules des végétaux comme des animalcules identiques à ceux de la spongiole, et les rangées du tissu cellulaire comme des conferves engendrées par la réunion en némazoaires de ces animalcules.

Quel que puisse être l'éloignement de beaucoup de personnes pour l'adoption de pareilles idées, j'observerai que tout ce que je dis avoir vu coïncide d'une manière remarquable avec l'opinion de physiologistes célèbres.

M. de Mirbel, dont les derniers travaux ont produit tant de sensation dans le monde savant, s'exprime ainsi à ce sujet : « Les granules prennent-ils rang parmi « les animaux ou parmi les productions végétales? « Gleichen et M. Ad. Brongniart affirment qu'il y a « spontanéité dans leurs mouvements et que par consé- « quent ce sont des animaux. Beaucoup de faits dé- « posent en faveur de cette opinion, que je considère, « non pas comme rigoureusement démontrée, mais « comme très-probable. »

M. de Mirbel a décrit aussi les mouvements des granules du pollen : « Ces mouvements, dit-il, sont « vifs, brusques, capricieux. Si, dans leurs courses « vagabondes, ils viennent à se rencontrer, ils se rap- « prochent ou s'éloignent souvent à plusieurs reprises

« les uns des autres, comme pour se harceler, s'éviter « ou se réunir ; lorsque l'*union* n'a pas lieu, ils se « portent tout à coup d'un autre côté. *J'ai vu des « alliances de deux, de trois, de quatre granules « ou d'un plus grand nombre.* Deux, trois, quatre « granules réunis se meuvent à peu près comme un « seul. Je n'oserais dire que de nombreux granules « liés ensemble se meuvent aussi en commun ; mais « jusqu'à ce que des observations réitérées m'aient « convaincu du contraire, j'admettrai que, dans ces « grandes associations, les granules placés de telle ma- « nière qu'ils ne tiennent les uns aux autres que par « un point, ne sont pas tout à fait privés de mouve- « ment. »

Ainsi, M. de Mirbel a déjà signalé des associations de granules les uns au bout des autres, et il est évident que je n'ai pas dit autre chose, lorsque j'ai annoncé que les animalcules granuleux s'organisaient en conferves. Toute la différence, c'est que je crois avoir reconnu une loi générale pour presque tous les infusoires que j'ai pu examiner aux spongioles. Je m'étais d'ailleurs placé dans des circonstances très-favorables, puisque ces animalcules, plongés dans l'eau qui entourait les racines, y jouissaient naturellement de toutes leurs facultés de locomotion et d'accouplement.

Il y a encore un autre point important pour lequel je me sens fortement soutenu par l'appui que me prêtent les recherches si précises du même physiologiste sur les trachées. Je vais encore citer textuellement un passage de cet auteur. A propos des utricules du *Marchantia* il s'exprime ainsi :

« Les utricules alongées en tubes ne différaient d'abord des autres utricules que par la forme; elles avaient donc une paroi membraneuse, mince, unie, diaphane, entièrement incolore. Mais elles ne tardèrent pas à s'épaissir, à perdre de leur transparence, et elles se marquèrent de stries parallèles très-rapprochées et tracées en hélice. Puis elles grandirent, et leurs stries devinrent des fentes qui découpèrent d'un bout à l'autre la paroi de chacune en deux filets, et les circonvolutions s'écartèrent, imitant les circonvolutions d'un tire-bourre. »

Si l'on veut jeter les yeux sur la figure 21, on se rappellera les cellules remplies d'hélices granuleuses, et aussi les tire-bourres sortant des utricules. Je crois que ces tires-bourres intérieurs correspondent parfaitement aux élatères de M. de Mirbel et aux trachées de M. Slack; et je pense que dans certains cas ces organes se forment aussi en dehors des utricules par des associations de filets confervoïdes, tournés les uns autour des autres dans les espaces intra-cellulaires (1).

Je prends donc la liberté d'appeler l'attention des physiologistes sur les racines des plantes développées dans l'eau, persuadé que l'extrême transparence des organes leur permettra de constater les principaux des faits que j'avance, de corriger les erreurs que j'ai pu commettre, et d'acquérir de nouvelles preuves de l'animalité des granules des végétaux.

(1) Les filets qui tapissent l'intérieur du melon laissent facilement voir l'organisation des trachées.

GNAPHALIUM NEGLECTUM,

NOUVELLE ESPÈCE

DU GROUPE DES FILAGINÉES,

AVEC DES OBSERVATIONS

SUR LES AUTRES ESPÈCES FRANÇAISES DE CE GROUPE,

PAR M. SOYER-WILLEMET,

GNAPHALIUM (*Oglifa*) *neglectum* NOB.

(Voyez la Planche II).

G. sericeo-canescens ; caule ramoso subdichotomo ; foliis lineari-lanceolatis acutis, terminalibus fasciculatis flores superantibus ; glomerulis 2-5-floris axillaribus terminalibusque ; floribus ovoideis, anthodii squamis apice glabris fuscis.

Racine annuelle. Tige atteignant jusqu'à 7 ou 8 pouces de hauteur, couverte, ainsi que les feuilles, de longs poils couchés, blancs, mais qui laissent apercevoir le vert par dessous. Feuilles de 12 à 14 lignes de longueur, sur une largeur d'une ligne au moins. Anthodes longs d'un peu plus d'une ligne, à écailles nues dans leur tiers supérieur et colorées vers leur extrémité en un jaune oranger qui passe au brun ; ils sont réunis par petits paquets, où l'un d'eux est ordinairement porté sur un court pédicelle. Semences ovales alongées, brunâtres et munies d'espace en espace de petites papilles blanches (1).

Cette nouvelle espèce est un *Oglifa* de Cassini ; c'est-à-dire que, comme le *G. arvense*, elle a les anthodes ovales ou coniques, et non pyramidaux et à 5 côtes bien marquées (2), comme dans les *Logfia* (*G. montanum* et *gallicum*), ni réunies en gros paquets hérissés de pointes, comme dans les *Gifola* (3) (*G. germanicum*). Elle a tout à fait le port du *G. gallicum*; mais elle en diffère par la forme des anthodes, par la largeur des feuilles, par la forme et la couleur des squames de l'involucre, dont l'extrémité brune forme, par leur rapprochement, un petit collier très-remarquable, que dépassent un peu les aigrettes dans la fleur développée (4). Ce dernier caractère et la

---

(1) Les semences sont à peu de chose près semblables dans les *G. arvense*, *montanum* et *germanicum*. Celles du *G. sylvaticum*, et probablement de beaucoup d'autres, n'en diffèrent guères.

(2) Ces côtes s'effacent presqu'entièrement dans la préparation des échantillons pour l'herbier. Mais la petitesse des feuilles et des anthodes, et surtout l'extrémité jaune des squames de l'involucre, distinguent facilement le *montanum* de l'*arvense*.

(3) Les noms de ces trois genres, établis par Cassini dans son Examen analytique du genre *Filago* de Linné (Bullet. des Sc. de la Soc. philom., sept. 1819, p. 141), sont, comme on sait, des anagrammes du mot *Filago*. MM. Bluff et Fingerhut (*Compend. flor. germ.*) les ont remplacés par les mots : *Achariterium*, *Xerotium* (et non *Herotium*, comme le veut Lessing, *Compos.* 333 et 457) et *Impia*.

(4) Il y a aussi un peu de brun à la pointe des écailles du *G. gallicum*; mais, outre que ce caractère y est bien moins marqué, la forme

petitesse des anthodes, outre le port, la séparent suffisamment de l'espèce la plus voisine, le *G. arvense*, qui, comme on sait, a toute la surface et surtout les paquets de fleurs couverts entièrement d'un duvet cotoneux très-abondant. La forme des anthodes et des feuilles, les faisceaux de feuilles qui surpassent les glomérules terminales, distinguent au premier coup d'œil le *G. neglectum* du *G. montanum*. Enfin il est impossible de le confondre avec le *G. germanicum*, parce que les glomérules sont pauciflores, que les écailles de l'anthode ne sont pas aristées, etc., etc.

Le *G. neglectum* diffère beaucoup plus de l'*arvense* que le *gallicum* du *montanum*.

J'ai trouvé cette plante en pleines fleurs, au mois de septembre 1834, dans les champs, à Badonviller (Meurthe), sur le terrain de grès bigarré (1), où croissaient aussi les *G. germanicum, montanum* et *gallicum* (2).

Si une espèce aussi remarquable a échappé jusqu'aujourd'hui à l'attention des observateurs, cela tient sans doute aux difficultés que présente l'étude de ce genre. Ainsi, par exemple, les botanistes ne s'entendent pas

---

pyramidale de la fleur de celui-ci, forme qui se conserve dans toutes les périodes de sa croissance, et les autres caractères donnés, ne permettent pas de le confondre avec la nouvelle espèce.

(1) Je viens de la retrouver dans la même localité, le 23 août dernier (1836); mais un peu trop avancée.

(2) Le *G. arvense*, commun aux environs de Nancy, surtout sur l'alluvion qui couvre le lias, ne paraît pas croître sur les terrains de grès, ni bigarré, ni vosgien, de notre Département.

bien sur les *G, arvense* et *montanum* de Linné (1). Il ne paraîtra peut-être pas déplacé de rechercher ici laquelle des trois opinions est la meilleure, ou celle que j'ai adoptée et qui est celle de Pollich, Scopoli, Lamarck, Villars, Willdenow, De Candolle, Persoon, Gmelin, Cassini, Spenner, Sprengel, Duby, Loiseleur, Gaudin; ou celle de Smith (suivie par Fries et par Wallroth), qui veut que notre *G. montanum* soit une nouvelle espèce qu'il nomme *G. minimum;* ou enfin celle de Wahlenberg et de Reichenbach, qui pensent que notre *G. arvense* est le *montanum* de Linné, et réciproquement.

Que l'on consulte les ouvrages de Linné (les deux éditions de son *Flora suecica*, la première et la deuxième de son *Species plantarum*), et il semblera qu'il ne puisse y avoir aucun doute: les expressions *floribus pyramidatis* de la phrase de Linné, *foliis brevissimis* de celle de Haller, les épithètes *minus* et *minimum* des synonymes de Bauhin et de Lobel, ne pouvant convenir qu'au *Logfia* de Cassini ou notre *G. montanum;* tandis que les mots *incano-tomentosa* de Vaillant ne peuvent regarder que l'*Oglifa* ou notre *G. arvense* (2).

---

(1) Je me sers toujours du nom générique de *Gnaphalium* pour les espèces de Linné, quoiqu'il ne les ait appelées ainsi que dans les premières éditions de son *Flora* et de son *Species*, et que, dans les secondes, il les nomme *Filago;* j'ai seulement voulu éviter la confusion et les répétitions.

(2) J'observe, à propos de ce synonyme, qu'au lieu de *Vaillant, act.* 1719, *p.* 391, Linné aurait dû écrire *p.* 296, et que pour le synonyme du même auteur « *Filago brevi angustoque folio erecta* »,

Quand il n'y aurait que le nom spécifique *montanum* et l'*Habitat in sabulosis montosis*, ce serait assez pour désigner la première espèce, qui, dans notre département du moins, atteint les parties les plus élevées, comme le grès bigarré et le grès vosgien, où ne se voit pas l'*arvense*.

Telle avait été la manière de voir de Pollich, Scopoli, Lamarck, Villars, lorsque Smith publia son *Flora britannica* (1800), ouvrage qui a rendu d'immenses services à la botanique, mais qui, dans cette occasion, a été la source de plus d'une erreur. L'illustre anglais y déclare qu'il ne connaît pas le *G. arvense*, qui manque dans l'herbier de Linné, et il décrit notre *G. montanum* sous le nom de *G. minimum* (1), parce que, dit-il, le véritable *montanum* de Linné en diffère « *magnitudine, imprimis foliorum et florum, duplo majori; totaque herba, et præcipue squamis calycinis, longe magis lanatis, etc.* » C'est caractériser parfaitement en peu de mots notre *G. arvense*. C'est donc un échantillon de cette dernière plante qui est dans l'herbier de Linné sous le nom de *G. montanum*; mais n'est-ce pas une erreur de

---

appliqué, dans les deux éditions du *Flora suecica*, au *G. montanum*, mais supprimé dans le *Species*, au lieu de *Vaill.*, *act.* 1718, *p.* 392, il fallait 1719, *p.* 297.

(1) Déjà, en 1786, Lamarck avait voulu, dans l'Encyclopédie méthodique (II. 460), distinguer le *G. minimum* de Lobel comme variété du *G. montanum*. Je possède la plante qu'il y décrit, et, en conscience, je ne puis la regarder que comme une des nombreuses formes du *G. montanum*.

détermination (1), ou plutôt une transposition d'échantillons, telle qu'on pourrait en citer d'autres exemples (2), et qui s'expliquerait facilement par la précipitation avec laquelle cet herbier célèbre a dû être emballé, alors que Smith l'acheta et l'enleva furtivement, malgré la défense du roi de Suède.

Néanmoins, l'assertion de Smith a paru sans réplique à Fries, qui, dans ses *Novitiæ floræ suecicæ*, l'a corroborée encore en faisant remarquer que Linné (*Flora suecica*) indique, pour localité de son *G. montanum*, Upsal, où il paraît qu'on ne trouve pas la plante à laquelle nous donnons ce nom et qu'il nomme *Filago minima* d'après Smith, mais bien notre *G. arvense* à tige presque simple, dont il fait le type de son *F. montana*, en y joignant comme var. *b.* le véritable *G. arvense* de Linné à tige plus rameuse.

Je conclus de tout ce qui précède que, de l'aveu même de Fries, notre *G. arvense* est bien l'espèce linnéenne. Reste à savoir si le *G. montanum* L. est la plante décrite par Smith sous le nom de *G. minimum*, ou si ce n'est qu'une variété de l'*arvense*. Deux fortes raisons, dont nous venons de parler, pourraient faire pencher vers cette dernière opinion : 1.° la localité d'Upsal ; 2.° l'herbier de Linné. Mais la première n'est

(1) J'ai déjà dit qu'un des principaux caractères qui sépare le *G. montanum* de l'*arvense*, les côtes de l'anthode, s'efface par la dessication.

(2) Ainsi il y a eu évidemment une permutation d'étiquettes dans l'herbier de Linné, entre les *Cerastium vulgatum* et *viscosum*.

qu'une preuve négative, et la seconde peut être le produit d'une erreur. D'ailleurs j'oppose à ces témoignages l'article *Filago montana* de la deuxième édition du *Flora suecica* (dont il faut peut-être exclure la localité?), où l'expression *pyramidati* appliquée aux fleurs et tous les synonymes ne permettent pas de douter que cette plante ne soit le *G. minimum* de Smith et par conséquent notre *G. montanum* (1). Willdenow, De Candolle, Persoon, Sprengel, Duby, Loiseleur, ont donc fait un double emploi, en décrivant les *G. montanum* et *minimum* comme deux espèces différentes; c'est aussi l'avis de M. Gay (Notice sur Endress, p. 28).

Quant au sentiment de Wahlenberg et de Reichenbach, il ne me paraît pas soutenable.

Un tableau synoptique résumera ce que nous venons de dire relativement à la détermination que nous avons adoptée pour nos *Gnaphalium* du groupe des filaginées.

1	Anthodes réunis en petits paquets peu serrés et sans pointes. . 2	
	Anthodes réunis en gros paquets (8 à 10) hérissés de pointes (*Gifola* Cass., *Impia* Bluff et Fingerh.)	*G. germanicum* L. (2).

(1) Linné, dans la première édition du *Flora suecica*, avait dit, il est vrai, du *G. arvense*: « *Forte hæc præcedentis* (*G. montani*) *varietas?* » Mais cette phrase, qu'il a supprimée dans sa seconde édition et qu'il n'a pas répétée dans le *Species*, est précisément pour moi la preuve qu'un examen plus approfondi lui avait démontré des différences suffisantes entre ces deux plantes.

(2) Le *G. pyramidatum*, que je ne connais pas, et qui, selon Linné, devrait différer du *germanicum* par ses fleurs pentagones et

2 { Anthodes ovales, coniques ou à angles peu prononcés (*Oglifa* Cass., *Achariterium* Bluff et Fing.). . 3
Anthodes pyramidaux ou à 5 côtes très-prononcées (*Logfia* Cass., *Xerotium* Bluff et Fing.). . . . 4

3 { Anthodes tout couverts d'un coton blanc très-abondant, non surmontés par les feuilles. . . . . *G. arvense* L.
Anthodes dont les écailles sont nues et colorées au sommet, feuilles beaucoup plus longues que les glomérules . . . . *G. neglectum* Nob.

4 { Feuilles beaucoup plus longues que les glomérules. . . . . *G. gallicum* L.
Anthodes non surmontés par les feuilles. . . . . *G. montanum* L.

J'ai laissé ma plante parmi les *Gnaphalium*, quoique Fries ait prouvé, par la découverte d'un involucre double dont l'extérieur est à 5 écailles, que Linné avait eu raison de séparer des *Gnaphalium* les plantes

---

non arrondies, ses feuilles obtuses et non pointues, et son coton blanc, ne me paraît, comme à Gaudin et à d'autres botanistes, qu'une variété de la dernière espèce. D'abord, comme le remarque très-bien Brotero (*Fl. lusit.* I. 362), le *G. germanicum* a toujours l'anthode pentagone et jamais arrondi. Ensuite le peu d'accord des auteurs est aussi un indice contre la spécialité du *pyramidatum;* ainsi, selon De Candolle (Fl. fr. suppl.), c'est celui-ci qui est le plus blanc, et, selon Reichenbach (*Fl. gem. excurs.*), c'est le *germanicum*. Nous trouvons effectivement chez nous deux variétés, ou pour mieux dire deux variations du *G. germanicum*, l'une à coton jaune et l'autre blanchâtre.

qu'il y avait réunies d'abord dans sa première édition; mais Fries a eu tort de conserver à ce genre le nom de *Filago*, puisque ce nom doit être réservé au *F. pygmæa* (*Evax* Gærtn.), qui, comme l'a bien observé Cassini (l. c.), est la seule plante qui réunisse les caractères assignés par Linné à son genre *Filago*. J'aurais donc pu, comme Lessing (*Compos.* 333), adopter le genre *Oglifa*, auquel sont réunis les *Logfia*, qui n'en diffèrent pas suffisamment; mais je laisse à M. De Candolle le soin de distribuer ces genres voisins, dont il sera question dans le second volume des Composées de son *Prodromus*, qui paraîtra en 1837.

EXPÉRIENCES CHIMIQUES

SUR LE

SUC GASTRIQUE,

PAR M. BRACONNOT.

Le suc gastrique, qui a donné lieu à tant de controverses depuis les recherches de Spallanzani, a fixé dans ces derniers temps l'attention de très-habiles chimistes, et cependant on ne paraît pas encore être bien d'accord sur la véritable composition d'un fluide aussi important.

Prout annonça le fait remarquable, que la saveur aigre de ce suc est uniquement due à l'acide hydrochlorique, opinion contestée par MM. Chevreul, Leuret et Lassaigne, qui ne virent dans cet acide libre que de l'acide lactique. Graves prétendit aussi avoir reconnu ce dernier dans le liquide vomi par une femme affectée de dyspepsie.

D'un autre côté, MM. Tiedemann et Gmelin, par suite de leurs nombreuses investigations, confirmèrent en partie les observations de Prout; mais comme il restait encore des doutes à cet égard, M. Blondlot, médecin à Nancy, qui s'occupe en ce moment de recherches sur la digestion, m'a remis du suc gastrique en me priant de l'examiner. Il l'avait obtenu en faisant avaler des éponges à des chiens, et en les retirant, après les avoir laissées séjourner, pendant deux heures, dans l'estomac de ces animaux à jeun.

Ce liquide, filtré pour le séparer du mucus, était encore un peu trouble, mais presque incolore comme de l'eau. Je lui trouvai une saveur tout à la fois acide, âcre, salée et astringente. Cette astriction me parut même assez marquée pour me déterminer à verser dans ce suc une dissolution de gélatine qui n'y produisit aucun précipité; mais avec le cyanure ferroso-potassique la liqueur se colora en bleu verdâtre, et bientôt après il se rassembla un précipité de bleu de prusse. L'infusion de noix de galle y produisit un précipité blanc, qui en s'agglomérant prit au bout de quelques jours une couleur grise. Il résulte de ces épreuves que la saveur astringente que j'ai reconnue au suc gastrique est due à la présence d'un sel de fer peroxydé; ce qui m'a paru assez singulier pour me faire supposer que le liquide sur lequel j'opérais n'avait pas été recueilli avec tous les soins convenables, et que le sel de fer qu'il contenait pouvait provenir, soit des éponges dont on l'avait exprimé ou d'une autre source inconnue: cependant on m'a procuré de nouveau suc gastrique d'un autre chien, et j'ai obtenu le même résultat qu'avec le premier. On ne peut point d'ailleurs attribuer la production de ce précipité de bleu de prusse à la réaction de l'acide libre du suc gastrique sur le prussiate ferruré de potasse; car celui-ci, versé dans de l'eau légèrement acidulée par l'acide hydrochlorique, n'a point donné naissance à un précipité.

Le suc gastrique abandonné pendant long-temps à

une douce température ne m'a semblé éprouver aucune altération.

Le même suc, soumis à la distillation au bain-marie jusqu'à ce qu'il soit réduit en consistance sirupeuse, ne m'a fourni que de l'eau ayant une odeur de chenil, ne rougissant en aucune manière le tournesol; mais en prolongeant l'action de la chaleur, il a passé un produit acide dans lequel je n'ai pu reconnaître l'acide acétique. Saturé avec du carbonate de baryte, il a fourni, par l'évaporation, du chlorure de barium cristallisé, dans la solution duquel le nitrate d'argent a produit un précipité caséiforme abondant. Une portion du même suc ainsi réduit, évaporé davantage dans une capsule à une chaleur ménagée, a répandu des vapeurs pénétrantes d'acide hydrochlorique, et il est resté une matière encore très-acide et colorée sans doute par la réaction de l'acide hydrochlorique sur la matière animale. Ce résidu en grande partie desséché attirait l'humidité de l'air. Exposé à une plus haute température, dans la même capsule couverte d'un disque de verre refroidi, le dégagement d'acide hydrochlorique a continué, et aussitôt qu'il a cessé de se manifester, il s'est formé un sublimé blanc d'hydrochlorate d'ammoniaque.

Le résidu exposé à une chaleur rouge a laissé un charbon, lequel lavé et incinéré a fourni une cendre rougeâtre, soluble sans effervescence dans l'acide hydrochlorique, qui contenait une quantité remarquable de peroxyde de fer et du phosphate de chaux.

Les eaux de lavage du charbon réunies ne rappelaient pas sensiblement au bleu le papier rougi par le tournesol. L'eau de chaux n'y a produit aucun trouble ; ce qui prouve l'absence des phosphates solubles.

Ces eaux de lavage ont fourni, par l'évaporation, des cristaux cubiques de chlorure de sodium et une eau-mère incristallisable, qui était du chlorure de calcium.

MM. Tiedemann et Gmelin ont à la vérité trouvé ce sel dans le suc gastrique d'un chien ; mais ils en ont attribué l'origine aux pierres calcaires qu'ils avaient fait avaler à cet animal, tandis que sa présence est indépendante de cette circonstance.

Action de l'éther sur le résidu fourni par l'évaporation du suc gastrique.

A l'effet d'isoler l'acide libre contenu dans le suc gastrique, celui-ci, évaporé en consistance de sirop à une douce chaleur, a été agité à différentes reprises avec de l'éther qui en a dissous une partie.

Les liqueurs éthérées réunies et évaporées ont laissé un résidu sirupeux légèrement coloré, d'une saveur très-acide, acerbe et âcre. Délayé dans l'eau, il s'est troublé en abandonnant une huile presque incolore, d'une saveur âcre et poivrée. Cette huile rougit le tournesol et paraît se dissoudre dans une suffisante quantité d'eau chaude ; mais la liqueur se trouble en se refroidissant. Au reste cette huile âcre m'a paru avoir beaucoup d'analogie avec celle qui communique de l'âcreté à certains fromages passés, et que j'ai aussi obtenue en abandonnant le caillé à la fermentation putride (1).

Pour m'assurer si ce résidu éthéré acide, ainsi privé par l'eau, autant qu'il était possible, de l'huile âcre, renfermait de l'acide lactique, il m'a paru que le moyen le plus simple et le plus direct pour mettre en évidence cet acide, était de choisir une base avec laquelle il forme un sel cristallisable peu soluble. J'ai en conséquence donné la préférence à l'oxyde de zinc, qui, à l'aide d'une douce chaleur, s'est dissous dans cette liqueur acide; mais par l'évaporation elle a fourni un résidu déliquescent qui n'a donné aucun indice de lactate de zinc; cependant ce sel exige pour se dissoudre, ainsi que je l'ai reconnu, plus de cinquante parties d'eau à la température de 15° + o R. Ce résidu déliquescent ne contenait en effet que du muriate de zinc, une matière animale et une petite quantité d'huile âcre.

Action de l'alcool anhydre sur la portion de l'extrait du suc gastrique insoluble dans l'éther.

Cette portion du suc gastrique, mise en digestion à une douce chaleur avec de l'alcool anhydre, s'y est dissoute en grande partie.

La liqueur a fourni, par l'évaporation, un résidu sirupeux encore très-acide. Une portion de celui-ci étant exposée à une médiocre chaleur dans un appareil

---

(1) Annales de Chimie et de Physique, T. XXXVI, p. 169.

convenable, a fourni de l'acide hydrochlorique, et bientôt après, en élevant la température, il s'est formé un sublimé blanc de sel ammoniaque; mais je n'ai pu obtenir ce sel de l'extrait alcoolique par la voie de la cristallisation, comme l'ont indiqué MM. Leuret et Lassaigne. Au reste, le résidu de cette distillation a laissé, après avoir été chauffé au rouge, une quantité remarquable de chlorure de calcium.

Le même résidu sirupeux alcoolique retenait la presque totalité de la matière animale contenue dans le suc gastrique. Il attirait l'humidité de l'air en raison du chlorure de calcium qu'il contenait. Il était d'ailleurs précipité par le sublimé corrosif, par le sulfate de fer peroxydé et par les sels de cuivre, ainsi que l'ont constaté MM. Tiedemann et Gmelin; mais l'infusion de noix de galle n'y a produit aucun trouble, ce qui m'a paru ne pouvoir être attribué qu'à la présence de l'acide hydrochlorique libre. En effet, lorsqu'on fait évaporer totalement celui-ci, par une dessication complète de l'extrait alcoolique, on obtient, avec l'infusion de noix de galle, un précipité très-soluble dans les acides affaiblis et même dans un léger excès du précipitant. On peut rendre pareillement la matière animale susceptible d'être précipitée par le même réactif, en saturant l'acide libre par un alcali.

MM. Tiedemann et Gmelin regardent comme identique à l'extrait de viande la matière que le suc gastrique desséché fournit à l'alcool; cependant elle semble offrir de notables différences, puisque sa saveur n'est point la même. Lorsqu'on la chauffe un peu fortement, elle bouillonne et répand une odeur de pain brûlé, mais rien de plus; tandis que l'extrait de viande, traité de la même manière, exhale, comme on sait, une odeur d'urine extrêmement prononcée. J'ai d'ailleurs reconnu que l'alcool anhydre appliqué au suc gastrique, réduit en consistance de sirop et préalablement traité par l'éther, lui avait enlevé deux substances animales qui paraissent bien distinctes; car l'une est précipitée par les alcalis, par le sulfate de fer peroxydé et par le nitrate de cuivre, au lieu que l'autre n'est point troublée par les réactifs. Mais comme elles étaient masquées par beaucoup d'autres substances étrangères, je n'ai pu réussir à les isoler complètement, surtout avec la petite quantité de matière dont je pouvais disposer; aussi me suis-je borné à l'essai suivant. Dans une portion de l'extrait alcoolique dont il s'agit, j'ai versé un léger excès d'eau de chaux, qui y a produit un dépôt floconneux brunâtre, contenant en effet la matière animale précipitable par les alcalis, le sulfate de fer peroxydé et le nitrate de cuivre, tandis que l'autre matière animale est restée en dissolution. Le dépôt formé par l'eau de chaux était en trop petite quantité pour le soumettre à des essais variés; chauffé au rouge sur une lame de platine il s'est charbonné, puis il a laissé un résidu blanchâtre soluble dans un léger excès d'acide hydrochlorique; cette liqueur n'était point troublée par l'ammoniaque, mais la potasse en a précipité un peu de magnésie. Cette terre, qui sans doute était unie à l'acide hydrochlorique dans le suc gastrique, a donc été précipitée en même temps que la matière animale dont il s'agit, laquelle n'est soluble dans l'eau et dans l'alcool que par un excès d'acide.

Le liquide, séparé du précipité brunâtre dont je viens de parler, contenait l'autre matière animale qui était plus abondante que la première. Le sulfate de fer peroxydé, le nitrate de cuivre n'ont produit aucun changement dans ce liquide préalablement saturé par un peu d'acide acétique. Le sublimé corrosif y forme un précipité blanc. L'infusion de noix de galle y a produit un précipité floconneux, blanchâtre, abondant, lequel a diminué peu à peu de volume en s'aglutinant en une matière brunâtre demi-liquide et visqueuse, précisément comme la combinaison du tannin avec la gélatine. Il se pourrait en effet que la matière animale dont il est question ne fut que de la gélatine modifiée par l'acide hydrochlorique.

Ce qu'il y a de certain, c'est que MM. Prevot et Leroyer prétendent avoir trouvé dans le contenu de l'estomac des brebis une grande quantité de gélatine, qu'ils caractérisent principalement par le précipité particulier qu'elle donne avec le chlore.

On vient de voir que l'éther n'avait enlevé au suc gastrique réduit en consistance de sirop qu'une portion de son acide hydrochlorique libre, et que l'extrait soluble dans l'acool anhydre en retenait encore une quantité notable. Afin de m'assurer s'il retenait aussi de l'acide lactique, ce qui me restait de cet extrait a été chauffé avec de l'eau et de l'oxide de zinc, et à mesure que le liquide acide s'est saturé, la matière animale, insoluble par elle-même, s'est précipitée en flocons brunâtres, facilement solubles dans les acides affaiblis. La liqueur séparée du dépôt était en partie décolorée. Elle a fourni, par l'évaporation, un résidu déliquescent, contenant du muriate de zinc, mais dans lequel je n'ai pu reconnaître aucun vestige de lactate de zinc, même après la destruction partielle de la matière animale par une légère torréfaction. Au surplus, ce muriate de zinc, décomposé par l'hydrate de chaux, a donné du chlorure de calcium, lequel exposé à une haute température s'est redissous entièrement dans l'eau sans laisser d'indice de carbonate de chaux. D'où je conclus que l'acide libre retenu par l'extrait alcoolique n'était encore que de l'acide hydrochlorique.

Examen du résidu de l'extrait du suc gastrique épuisé par l'éther et par l'alcool anhydre.

Ce résidu agité avec de l'alcool à 22° s'y est dissous, à l'exception d'une petite quantité de matière, laquelle lavée sur un filtre avec de l'alcool affaibli a laissé du mucus. Celui-ci a fourni à l'eau une si petite quantité de matière soluble, qu'à peine il m'a été possible de l'apprécier; c'était sans doute la substance que MM. Tiedemann et Gmelin ont comparée à la Ptyaline.

Le mucus ainsi lavé par l'eau a donné, après son incinération, un résidu jaunâtre, formé de phosphate de chaux et d'un peu d'oxyde de fer.

L'alcool à 22° avec lequel on a agité le résidu désigné ci-dessus, a fourni par l'évaporation une masse cristalline assez considérable, rougissant encore un peu le tournesol. Elle était formée presque entièrement de chlorure de sodium, d'une petite quantité de matière animale qui avait échappé à l'alcool anhydre, et de quelques traces de phosphate de chaux et de chlorure de potassium.

En résumé, le suc gastrique dont il s'agit contenait les matières suivantes :

1.° Acide hydrochlorique libre en quantité remarquable ;

2.° Hydrochlorate d'ammoniaque ;

3.° Chlorure de sodium en assez grande quantité ;

4.° Chlorure de calcium ;

5.° Chlorure de fer ;

6.° Chlorure de potassium (des traces) ;

7.° Chlorure de magnésium ;

8.° Huile incolore d'une saveur âcre ;

9.° Matière animale soluble dans l'eau et dans l'alcool, en quantité assez considérable ;

10.° Matière animale soluble dans les acides affaiblis ;

11.° Matière animale soluble dans l'eau et insoluble dans l'alcool (Matière salivaire, Gmelin) ;

12.° Mucus ;

13.° Phosphate de chaux.

Les résultats que je viens de présenter font voir que l'estomac, lorsqu'il est stimulé par des corps étrangers ou par les aliments, a la propriété remarquable de sécréter une grande quantité d'acide hydrochlorique libre. Cela confirme les observations de Prout, de MM. Tiedemann et Gmelin, et prouve en même temps que Spallanzani avait de bonnes raisons pour attribuer au suc gastrique des qualités éminemment antiseptiques et dissolvantes, quoiqu'il en ignorât la cause. En effet, ce célèbre observateur s'assura que des os renfermés dans des tubes et qu'il fit avaler à des faucons, à des chouettes, à des couleuvres, etc., s'y dissolvent sans ramollissement, feuillet par feuillet, jusqu'à ce que le suc gastrique, arrivant peu à peu au dernier feuillet, le fasse disparaître comme les autres; ce qui s'explique sans la moindre difficulté par la présence de l'acide hydrochlorique libre dans le suc gastrique. Cependant il ne paraît pas que ce dernier opère toujours une véritable dissolution des aliments, comme l'ont pensé beaucoup de physiologistes et en dernier lieu MM. Tiedemann et Gmelin. Car M. Blondlot m'a fait voir des digestions artificielles qu'il a produites à la température humaine, dans des tubes de verre, avec des morceaux de viande et du suc gastrique, ou même tout simplement avec de l'eau légèrement aiguisée par de l'acide hydrochlorique: dans l'un ou l'autre cas, la chair musculaire avait conservé sa forme et sa texture fibreuse primitive; mais par le plus léger mouvement, elle se divisait en une bouillie insoluble, parfaitement homogène et semblable au chyme produit dans l'estomac. Ce n'était donc qu'une simple dilution, pour me servir de l'expression de MM, Leuret et Lassaigne,

D'après la nature connue du suc gastrique, il n'est pas aussi facile de se rendre compte comment un grenat, que Spallanzani fit avaler à un pigeon, fut privé de sa forme.

On comprendra encore moins que du cristal de roche et de l'agate, renfermés dans des tubes que Brugnatelli laissa séjourner dans l'estomac des dindons, furent tellement attaqués, qu'ils perdirent 12 à 14 grains de leur poids. Au reste, cette observation mérite d'être répétée. Si elle se confirme, il faudra bien admettre que le suc gastrique des gallinacées contient aussi de l'acide hydrofluorique.

SUPPLÉMENT

DU

MÉMOIRE

SUR DEUX MONUMENTS GÉOGRAPHIQUES

CONSERVÉS A LA BIBLIOTHÈQUE PUBLIQUE

DE NANCY (*),

PAR M. BLAU.

L'Académie a sagement fixé la durée de ses séances publiques, tant pour ne pas fatiguer l'attention de l'auditoire que pour multiplier le nombre des lectures. Si elle défend à ses membres d'entrer dans des détails qu'elle juge nécessaires, mais qui ont besoin d'être médités; en revanche elle leur laisse la faculté de les joindre à l'impression annuelle de ses travaux. Cette mesure m'ayant permis de compléter mon mémoire par des développements propres à satisfaire les connaisseurs et à lui servir de pièces justificatives, je les ai divisés en deux parties, l'une relative au Manuscrit de Ptolémée, l'autre au Globe de vermeil. Quelque minutieux qu'ils puissent paraître, on verra, en les examinant de plus près, qu'ils sont indispensa-

(*) Voyez page LIII.

bles pour apprécier deux monuments géographiques, dont la gravure ci-jointe, due au burin de M. Raimond de Nancy, facilitera l'intelligence.

MANUSCRIT AVEC ATLAS.

Ce manuscrit, petit in-4.°, de la Cosmographie de Claude Ptolémée, traduite en latin par Jacques Angelo de Florence, est composé de 214 feuillets de beau vélin, en y comprenant les cartes de l'atlas. Il commence par un dessin d'azur couvert d'une feuille d'or découpée. Les lettres initiales de chaque livre sont formées de feuilles d'or appliquées sur des dessins rouges et bleus. Les titres des pages et des chapitres sont d'une encre rouge; les capitales, rouges ou bleues, portent des ornements. Le texte, d'une belle écriture noire, offre des lignes longues et des réclames à chaque cahier. A la tête de l'ouvrage, on voit la préface noire du traducteur précédée de l'inscription suivante en lettres rouges : *Beatissimo patri Alexandro V.°, Pontifici maximo Jacobus Angelus*(1), avec ces mots renvoyés au bas du frontispice : *iste Alexander fuit tempore magni scismatis factus in pisano concilio, anno* 1409.

Les caractères de la préface, du texte et des cartes

---

(1) Le copiste avait d'abord voulu mettre : *Ad beatissimum;* du moins l'inscription commence-t-elle par un *a* majuscule suivi d'un *d* minuscule, formant la préposition *ad*, qui n'a aucun rapport avec *beatissimo*, dont la lettre initiale est bleue.

sont gothiques avec des abréviations plus ou moins compliquées, qu'il m'eût été impossible de déchiffrer sans le *Lexicon diplomaticum* de Walther, in-fol., publié à Gœttingue en 1745. Chaque cahier se compose de 8 feuillets, hors le dernier du texte qui en avait 6 seulement, le deuxième de l'atlas qui en comprend 12, à cause de l'intercalation d'une carte des parties septentrionales de l'Europe et de leur description par Claudius Clavus ou Clavius, et les deux derniers cahiers, réduits chacun à 4 feuillets. Les seuls chapitres du premier livre sont indiqués par des chiffres romains; ceux des autres livres ne sont pas numérotés. D'après céla, il est facile de s'apercevoir qu'il manque au premier cahier les 4 feuillets du milieu, laissant une lacune de 6 chapitres et d'environ la moitié du 7.e dans le premier livre; qu'un feuillet relatif à la description de la Grèce dans le troisième livre a été coupé longitudinalement, de façon qu'il en reste un tiers sous la forme d'onglet; que le 6.e feuillet du 8.e livre, où étaient dessinées les figures géométriques, a totalement disparu, ainsi que la carte générale qui devait précéder les cartes particulières. Outre ces mutilations, plusieurs feuillets conservent des traces de la barbarie qui les a souillés d'écritures et d'images informes. Les huit dernières pages placées à la suite de l'atlas contiennent le résumé des diverses cartes de Ptolémée avec leurs principales divisions, mais sans mentionner la carte de Claudius ni la carte générale. Le manuscrit, légérement mouillé et un peu rogné par le haut, est d'ailleurs d'une belle conservation.

L'atlas qui suit le texte répond par la beauté de l'exécution à la calligraphie de notre manuscrit. On y compte 27 cartes, savoir : 11 pour l'Europe, 4 pour l'Afrique, 12 pour l'Asie. La 11.e carte de l'Europe, qui est celle de Claudius, manque dans l'atlas d'une des plus anciennes éditions de la traduction latine de Ptolémée, qui parut à Strasbourg chez Jean Schott, 1513, in-folio, édition citée comme très-rare par Harlès dans son Introduction à l'histoire de la langue grecque, t. 2, p. 143, et dont la bibliothèque de Nancy possède un exemplaire en grand papier. Mais on y trouve une carte générale des trois parties du monde, qui devait figurer dans notre manuscrit, comme le prouve la note suivante (1), placée devant la première carte de l'Europe.

Secuntur viginti sex tabule quas supra in ultimo libro describit Tholomeus, videlicet, decem de Europa, quatuor de Affrica vel Libia, quod idem est, et duodecim de Asia. Quarum cujuslibet descriptionem, quot et quas continet regiones, et versus

---

(1) En transcrivant cette note et les autres que j'ai cru nécessaire de reproduire, j'ai rétabli dans leur intégrité les mots qui étaient surchargés d'abréviations; mais j'ai conservé l'orthographe du copiste, sauf la distinction de l'*i* et du *j*, de l'*u* et du *v*, l'emploi de nos capitales et de notre ponctuation, afin de rendre les citations plus claires et plus lisibles. Les nombres seront écrits en chiffres ou en lettres conformément à l'original. Pour ne pas errer dans l'acception de plusieurs termes de Philastre et de Claudius, il sera bon de recourir au Glossaire de la moyenne et de la basse latinité par Du Cange et Charpentier.

quam celi partem, ad orientem, occidentem, austrum vel septentrionem respiciant; in quo climate, sub quibus parallelis; ac dierum quantitates et insignes civitates notare poteris, tam in ipsis tabulis quam in descriptione cujuslibet illarum in dicto ultimo libro. Et si vis, poteris illarum tabularum facere comparationem ad totalem tabulam ante positam que dividitur in XXVI *tabulas, ut latius quelibet regio valeat inspici in magna quantitate quam in parva. Quelibet enim istarum tabularum potest fieri ita magna sicut tota tabula describitur.*

Une seconde note précède la huitième carte de l'Europe, et indique pourquoi le cardinal a fait dresser la carte de Claudius. Cette note, d'une écriture différente de celle du texte, a été tracée sous la dictée de Philastre; la même observation s'applique à toutes les citations suivantes. Voici d'abord la note en question :

Octava Europe tabula continet Sarmatiam Europe et illas regiones que sunt ab Germania ad septentrionem versus orientem, in quibus est Polonia, Pruthia, Lituania, et alie regiones usque ad terram incognitam ad septentrionem; partem Dacie et Tauricam Chersonesum usque ad Paludem Meotin; et ibi Thanay (1) *fluvius, qui dividit Europam ab Asia in parte septentrionali et versus orientem. Item continet, ultra quod ponit Tholomeus, Norve-*

(1) *Tanay* sans *h*, au lieu de *Tanaïs*, se trouve dans le planisphère de Marin Sanuto de 1321. *Gesta Dei per Francos*. 2ᵉ *pars*.

giam, Suessiam, Rossiam utramque, et Sinum Codanum dividens Germaniam a Norvegia et Suessia; item alium Sinum ultra ad septentrionem qui omni anno congelatur in tercia parte anni. Et ultra illum Sinum est Grolandia, que est versus insulam Tyle magis ad orientem. Et ita tenet totam illam plagam septentrionalem usque ad terram incognitam. De quibus Tholomeus nullam fecit mencionem, et creditur de illis non habuisse noticiam. Ideo hec VIII.ª *tabula est multo amplior describenda. Propter quod quidam Claudius cymbricus illas septentrionales partes descripsit, et fecit de illis tabulam que jungitur Europe, et ita erunt* XI. *Et tamen nullam facit mencionem de illis duobus sinibus maris Norvegie et Grolandie. In his regionibus septentrionalibus sunt gentes diverse, inter quas Unipedes et Pigmei; item Griffones sunt in oriente, velut vide in tabula.*

La troisième note que nous transcrivons suit la dixième carte de l'Europe, et annonce celle de Claudius:

Sequitur descriptio regionum septentrionalium, videlicet Danmarchie, que alias Dania vel Dacia dicitur; item Suessie, Norvegie, Grolandie, et insularum adjacencium, de quibus Tholomeus non egit; sed omisit forsan illas regiones ignorans, ut videri potest in 3.° libro, ubi agit de Dacia et partibus septentrionalibus. Et in hac descriptione est tabula de illis regionibus que est undecima Europe. Hec descriptio et tabula edite sunt a quodam Claudio cymbrico. De hoc supra scribitur in des-

criptione octave tabule Europe, in qua eciam omittuntur iste regiones.

Il n'est pas hors de propos d'ajouter la remarque suivante, d'une belle écriture bien differente de celle du texte; elle concerne la Germanie du 2.e livre.

In ista parte septentrionali Europe, omittit Tholomeus plurimas regiones ad septentrionem, de quibus, quia ipse australis fuit, credo eum non habuisse noticiam: omittit enim magnum Sinum Codanum, qui ex Occeano e directo Anglie et Scocie exiens, transit usque ad Prussiam et Poloniam, et dividit Almaniam a Norvegia et Swesia; in quo sinu est Dacca insula et regnum quod forte alio nomine vocatur; et in illo sinu maris capiuntur aleca habundancius, et per hunc navigatur de Prussia ad Galliam et econtra. Omittit eciam mare quod dicitur Congelatum, quia per majorem partem anni est glaciatum, et est inter Norvegiam et Grolandiam, quam eciam omittit maxime septentrionalem, versus occidentem, et insulam Tyle.

L'observation suivante, placée sous la première note de l'atlas, se rapporte à la confection et à l'usage des cartes; elle explique où il faut chercher les pays limitrophes et les endroits remarquables, pourquoi les cartes sont généralement divisées en deux parties et peintes sur une seule face. En effet cette division ne s'oppose point à l'unité, tout y étant semblable, excepté dans la carte du nord de l'Europe, où la même hauteur des parallèles de Ptolémée et de Claudius ne correspond point au même climat.

Prima Europe tabula continet insulas, Britanniam seu Albion, que nunc Anglia cum Scocia, Yberniam, Tyle, Orcades, et alias insulas adjacentes, et hec in Occeano; extra Occeanum, ad orientem, partem Germanie, ad austrum, particulam Galie, inter quas partes fluvius Renus intrat Occeanum. Quibus autem regionibus circumscribitur et nomina insignium civitatum vide in libro VIII *supra, et ita de singulis tabulis.*

Et nota quod ubi tabula tenet duas paginas, habenda est ac si pictura esset simul juncta; itaque medium vacuum inter duo folia nichil facit. Et opportuit pingere ab una parte solum, quia pergamenum non potuisset sustinere picturam maris ab utraque parte, propter nimiam humiditatem picture. Et ideo fuit pictura solum ab una parte, et in grosso pergameno, quod postea fuit rasum et atenuatum.

Une autre observation, mise à la fin de la version latine, sur les fractions qui suivent les degrés de longitude et de latitude des tables de Ptolémée, signale la nécessité de convertir ces fractions en nombres entiers de minutes. Cette conversion plus commode est marquée en chiffres rouges à la droite des chiffres noirs de notre manuscrit, ainsi que dans la description du nord de l'Europe par Claudius. La citation textuelle a paru superflue.

Si ces diverses notes révèlent l'importance que le cardinal Philastre attachait à l'atlas de Ptolémée ainsi qu'à la carte et à la description du nord de l'Europe par Claudius, un autre passage découvre l'époque de la composition des cartes et l'existence en Afrique du fameux Prêtre-Jean. Cette note précieuse est ainsi conçue :

Quarta Africe tabula, tota pene ad austrum et ultra Egiptum, continet Getuliam, Libiam interiorem, Ethiopiam junctam Egipto, Nubiam, Indiam inferiorem que ad Ethiopiam vergit et ipsam Ethiopiam, que sunt sub zodiaco, et omnes Ethiopes eciam ultra lineam equinoccialem, in tota latitudine zodiaci. Et in istis India et Ethiopia est Terra presbyteri Johannis christiani, qui dicitur regnare super 72 reges, quorum 12 sunt infideles, reliqui christiani, sed diversorum rituum et sectarum. Ultra equinoccialem pauca est cognicio, nisi quod ibi est amplissima regio Agisimba, que sub ista tabula comprenditur et signatur in fine ad austrum.

Istius presbyteri Johannis duo ambassiatores, unus christianus et alter infidelis, hoc anno Domini millesimo quadringentesimo vicesimo septimo quo hee tabule descripte fuerunt, venerunt ad regem Aragonum Alfonsum. Quos vidit cum rege in Valencia dictus Cardinalis de Fuxo, legatus sedis apostolice ad dictum regem. Et dixerunt ei quod venirent ad Papam Martinum quintum, quem christianus reputabat Christi vicarium. Hoc dictus Cardinalis Pape retulit, me Cardinali sancti Marci presente, qui has feci describi tabulas, et ex greco exemplari.

Notre manuscrit de Ptolémée remonte donc à 1427 au plus tard, puisque les cartes, faites sur un exemplaire grec, sont de cette même année, qui est énoncée d'une manière inaltérable, et qu'elles se trouvent jointes à la version d'Angelo, précédée des armoiries de Guillaume. Cette date apprend en outre que le vaste empire du Prêtre-Jean s'étendait alors en Afrique, au nord de la ligne équinoxiale, et que ce prince entretenait des relations avec l'Europe, où il envoyait des ambassadeurs. Les deux cardinaux Philastre, *Philasterius* ou *Filastrus*, et Pierre *de Fuxo* ou de Foix, légat du Saint-Siége en Italie et en Espagne, cités comme contemporains, avec les principaux événements auxquels ils ont participé, dans l'ouvrage intitulé: *Vitæ et res gestæ Pontificum romanorum et Cardinalium; Romæ*, 1677, in-fol., t. 2, pag. 742 et 807, ont pu, en effet, s'être rencontrés chez le pape Martin V; et quoique personne ne parle de l'ambassade, ce silence, se réduisant à une preuve négative, ne saurait prévaloir contre l'assertion formelle d'un homme respectable qui a déposé son témoignage dans l'obscurité d'un manuscrit. Nous finirons par observer que la dimension des cartes de l'atlas ne pouvant pas contenir même les villes les plus remarquables, Philastre s'est contenté d'y faire inscrire les noms de *Roma*, *Venecia*, *Parisius*, en assez gros caractères noirs gothiques, accompagnés d'une espèce de cube d'or, sans doute par allusion au cardinalat de S. Marc et à la légation de France que le pape lui avait conférés.

De ces divers documents il s'ensuit que ce manuscrit, destiné à l'usage de Philastre et soigné sous tous les rapports, mérite qu'on en consulte les leçons, malgré les fautes échappées à la négligence des copistes dont maint passage trahit l'ignorance. Les cartes étant trop petites pour y insérer les détails compris dans l'édition in-fol. de Strasbourg, 1513, un curieux les a tracés à l'encre noire en beaucoup d'endroits, d'après les données de Ptolémée et de Claudius. Il s'est même permis de noircir les noms des mers qui étaient primitivement rouges, à l'exception de la carte de Claudius où ils sont restés intacts. Comme celle-ci avec sa description ne se trouve point ailleurs, que le cardinal l'a crue digne d'entrer dans son atlas de 1427, et que les monuments géographiques du moyen âge sont fort rares, on a jugé à propos d'offrir *une pièce authentique de cette époque* : elle servira en même temps à donner une idée des autres cartes du recueil. En conséquence, M. Forfillier a bien voulu ajouter au dessin du globe celui de la carte de Claudius (voyez la planche III), la seule de l'atlas dont les eaux ne soient pas argentées. Sa copie aussi grande que l'original sera une espèce de *fac-simile* pour le tracé, les lettres, les chiffres et les moindres détails. On observera seulement que la gothique rouge de l'original est remplacée dans la copie par une gothique noire, et que des caractères italiques y sont substitués à l'écriture noire et gothique dont est surchargé le texte primitif. Cette distinction a paru nécessaire, à défaut de la couleur qu'il était difficile de reproduire. Il a fallu aussi pour la gravure figurer les chaînes de montagnes, marquées simplement dans le dessin par des lignes placées entre des traces de couleur verte.

Au cas qu'il s'élève des doutes sur la confiance que mérite Claudius, les considérations suivantes suffiront pour les dissiper. Cimbre de nation, il était à portée de connaître son pays natal et les pays circonvoisins, tant par ses propres voyages que par ceux des commerçants et des navigateurs; sa carte du nord de l'Europe, basée sur des mesures géométriques et développée dans une description qui suppose un géographe mathématicien, se trouve jointe à l'atlas du savant Philastre, qui la cite dans ses notes à plusieurs reprises. Le cardinal aurait-il agi de la sorte à moins qu'il n'eût bien connu l'auteur et son ouvrage? Quant à la configuration des mers et des terres de la carte de Claudius, et à certaines dénominations, anciennes et locales, elles feront mieux apprécier, soit les connaissances qu'on possédait alors de ces pays éloignés, soit les changements opérés, après plusieurs siècles, dans l'aspect d'une contrée soumise à tant de révolutions physiques et politiques. La plupart de ses indications sont encore aujourd'hui à peu près les mêmes, sauf les variations introduites à la longue dans la division et dans la nomenclature du pays, comme leur confrontation avec les géographies de Büsching et de Malte-Brun pourra le constater.

Si les Unipèdes, les Pygmées avec les Griffons sont relégués à l'extrémité septentrionale, et les Carélens infidèles reculés jusque vers le pôle arctique, cela tient à l'esprit de ces temps où l'imagination s'efforçait de suppléer à la réalité. L'épithète de *perversa* appliquée à la nation des *Pruteni* et celle d'*insidiatrix* au pays des *Slavi* pourraient bien se ressentir de la prévention des voisins contre ces deux peuples guerriers. La qualification *apostate* donnée aux *Britanni anglicati* doit porter sur l'introduction récente de la réforme en Angleterre, et prouve que cette addition avec les autres faites à l'atlas de l'original est l'ouvrage du curieux de 1543, toutes étant de la même main et de la même couleur.

La carte de Claudius doit être complétée par sa description, qui sera fidèlement copiée, sous les réserves indiquées plus haut pour la transcription des notes, hors la couleur rouge des titres et des minutes de degré, en observant que les ligatures n'affectent jamais les noms de lieux, qu'elles sont très-compliquées, et qu'elles m'ont arrêté en certains endroits dont la leçon est douteuse ou illisible; ces mots incertains seront écrits en romain. Ajoutez que le caractère danois *o barré* n'a pu être figuré, mais que, faute de ce caractère typographique, on l'a remplacé dans l'impression par *æ* dont la prononciation allemande en approche le plus; enfin que le *dh* danois se prononce comme le thêta grec ou le *th* anglais. Cette description, qui, d'après la forme de l'écriture, ne peut appartenir aux copistes du texte et de l'atlas de Ptolémée, sera suivie de quelques observations importantes.

Description de la carte de Claudius.

Danmarchia, que et Dania dicitur, in tres divisa est partes: Skaniam vel Skandiniam sive Skandinaviam, Halindhiam et Juciam; Jucia enim, que est Chimbrorum Chersonesus, dicebatur. Fines habet ab occidente Germanicum Occeanum, juxta littoris descriptionem hanc : post Albim fluvium,

Ripis	32		56	50
Vendesusel	31		58	20
Salinghesusel	35	40	58	21
Skagen	39		58	15
Pars que ejus maxime septentrionalis est	40		59	

Ab oriente terminatur Mari Baltico, secundum descriptionem hanc :

Wiburgh	40	30		50
Arus	40	20		25
Kaldingh	39	50		15
Veldhlis	39	30		
Obersina	38	20		30
Flenseborgh	38			15
Slesvigh	36	30		25
Eghernefiordh	37			
Plone	36	50	56	50
Kiil civitas	36		56	30
Train fluvii ostia	35		56	

Insule Jucie adjacent in Baltico quidem Mari: Pheonia, que maxima earum est, et circumscribitur sic :

Medelphar portus	39	50	57	50
Agarnes promontorium	40	10	57	50
Bogens villa	40	10	57	50
Ellemose sinus	40	10	57	40
Kinsholm promontorium	40	50	57	50
Niborg portus	41	10	57	35

Sulnborg portus	41	10	57	50
Agernake villa	40	50	57	15
Asnes villa, portus	39	50	57	30

Vocatur autem et hec proprie Ohdhonis insula; unde ejus mediterranea civitas est dicta Ottonia vel Odhenzhov et Odonis insula. Tenent ipsius occidentalia Vuenzellinghi, Koginghi et Fogellinghi; orientalia, Viningh; meridionalia, Salinghi, in qua parte est Salinga, paterna villa Claudii Clavii, Svarthonis Melis Petri Cuchonis filii, et Margarete Ingredis Cicilie Osee Strangonis, Viningh genite. Partium istarum principium

Oroyphi in gradibus	40		57	30
Et septentrionalia ejus tenent Skoghinghi; media autem tenent Odhoninghi	40	5	57	30

Circa autem hanc insulam sunt plures parve insule et magne decenter sub consequenti descriptione, in eodem Mari Baltico:

Hielm insula	40	10	58	10
Alse insula	39		57	20
Hiode insula	39	10	57	30
Thasindh insula	41		57	10
Jamidh, cujus septentrionalia	41	50	57	30
Et ipsius meridionalia	41	30	56	40
Sprone deserta	42		57	30
Lalandia insula, cujus occidentalia	43		57	
Et ejus orientalia	43		57	

Item ad orientem Eghernefiordh, in Mari appellato Thobierghhede, est

Fennerem insula	37	30	56	55
Et illius parva insula	39		56	50

Situs Hallindhie: latera Hallindhie que contigua sunt Norvegie, in Lotho, juxta promontorium Scarcoteris, cujus sunt gradus 36 61 40

Et protensa linea ab hoc loco usque ad medium regionis

Lacus Suecie in situ, cujus gradus sunt 46 10 66

Ejus meridionalia que Juciam spectant et Occeano aluuntur, *sic describuntur* protenus *Scarcoteris promontorium:*

Aoflotentas	37	15	61	50
Olani villa	38	50	61	10
Somerzhavn portus	40	60		
Lodese civitas	41	60	30	
Hamer civitas	43	60	10	
Scoholm	44	60	10	

Situs Scanie: meridionalis lacus descriptio. In OEresundh, ubi capiuntur alleca,

Helsingborgh	45		59	
Erichstadii portus	46	30	58	50
Ellebii portus	47	5	58	40
Skanior portus	47	10	58	20
Falsterbede	48		50	20

Ab oriente sic describitur:

Ysthedh villa	50		59	

Ab hac civitate Oves usque ad medium latus predicte regionis Suecie, per lineam extensam, terminatur residuum regionis Danorum inclusive. In Scania ville mediterranee hee sunt:

Lundis civitas	47	40	59	30
Madhkeruch	49		51	

Insule adjacent Halindie :

Tunsbergh insula	37	30	61	20
Trendel parva	40	40	59	40
Udenskavn	42	50	58	50
Holnz insula	44		60	

Sellandia, que a cane marino sic appellata, in OEresundh sita, sic circumscribitur :

Slaghlosia, non longe a mari, cujus gradus sunt	43		58	
Nestvedh	44		57	40
Vardhinghburgh	45		57	20
Crucis portus	45	30	57	30
Kœbingh portus	46		58	
Helsinghœr	45		58	20
Holbek	44	40	58	30
Mediterranea ejus civitas est Rosklidh	45		58	
Snuor abacia } *Hic sepeliuntur reges*	44	20	57	50
Essieron abacia } *Danie*	44	40	57	30
Insula Falster	46		57	20
Mœnh insula	47		58	
Draghor parva	46		58	5
Bornholm	49	5	58	40

Suecia, que olim Gochia est dicta, terminos habet ab occasu prefatum Danie latus et orientale Norvegie, ex eadem parte, versus septentrionem, usque ad situm cujus gradus sunt 51 71

Pars ejus meridionalis littoris quod extenditur in Sarmatico Occeano, cujus descriptio hec est :

Protenus *Ystedh, Oves civitas*	52	60
Kalmarn civitas	54	60 40
Strengenes civitas	57	62
Arus civitas	60	62 40
Castrum Vibor et insula	61 30	62 40

Pars ejus septentrionalis in Mari Quieto extenditur hoc modo, protenus *fines maxime septentrionales Norvegie et Suecie predictas: prima ejus extensio*

versus orientem gradus habet	54	70 40
Post extensionem prima extensio	56	70
Dalin fluvii ostia	57	68
Qui deinde subscribitur	58	67
Qui ad ortum flectitur, in ostio occidentali, Ras fluvius	60	67
Ostium orientale Rasis fluvii	62	67
Flexus fluvii	61	66
Est et Visingh lacus magnus et dulcis in gradibus	51	62 30
Et Vone lacus vere ejusdem magnitudinis in gradibus	51	66 30

Mediterranee civitates in hoc regno sunt hee:

Upsale

Skare

Lynckœbingh

Vesgœde

Strengenes

Ovgard

Verson

Abo

Tenent autem ejus septentrionalia Dalingi, Stal-

bergi, et ipsius orientalia Finnalappi silvestres et Finnones, et meridionalia Vestgoti. Insule adjacent Suecie, in Occeano quidem Sarmatico:

Gyylland insula et villa in ea Visbu	59	61
OEland insula	55	60

In Mari quidem Quieto quatuor inhabitabiles,

quarum prima gradus habet	53	71 20
Secunda vero gradus habet	55 30	70 20
Et tercia gradus habet	57	69
Quarta vero et ultima gradus habet	59	67 30

Norvegie situs: regio ejus que versus meridiem terminatur in Occeano Deucaledonio, sic se habet. Post Scarcoteris promontorium:

Liste sinus	35	63 30
Corshavn portus	33	62 30
Stavanger civitas	29	62 30
Occidentale ejus latus sic describitur	29	64
Bergen civitas	25	65
Ultimum regni promontorium	26 30	66 40
Nedrosia metropolis	26	66
Promontorium quod subsequitur	26	66 30

Septentrionalis lateris descriptio sic se habet.

Protenus *primum promontorium in Nordinckboind*	29	68
Item secundum	33	68 40
Et ejus sinus	36	67 40
Item tercium	36	69
Et ejus sinus	38	68 40
Item quartum	39 30	70 25
Et ejus sinus	43	70

Item quintum	45	71
Et ejus sinus ultimus	47	71
Est et lacus Penarum in Norvegia in situ	32	65 30

Insule adjacent Norvegie hee:

Islandia cujus hec est descriptio. Ejus quod magis septentrionale est promontorium	19 10	67 50
Quod inde sequitur	19	66 30
Et illo eciam vicinius sequens	19	65 30
Quod autem magis meridionale est	19	64 10
Et quod in dorso ejus est versus occidentem, gradus habet	17	64
Et aliud jam pridem *sequens promontorium in eadem parte*	17	67

Sunt autem in hac insula civitates mediterranee hee:

Hollensis	18	65 20
Scalotensis	18	67

In hac enim insula equi omnes sunt gradarii, parvi et albi, et ipsi ad modum feni comedunt pisces exiccatos.

Femœe, in qua singule nascuntur femine et nunquam mares	22	64 10
Fareœ	22 10	68
Sumershavn insula, in qua sanctus Olaus rex et martyr debellabat Fruisuum infidelem visibili adjutorio Dei; quod oculis vidisse fayet	28 30	63 10
Ladehorn insula	26 30	64 30
Truntheym insula	30	66

In sinu primi et secundi promontorii sunt due insule: prima que est 26 30 67

Secunda est in gradibus 28 68

In secundo sinu est insula in gradibus 34 30 68

Item in tercio sinu est insula in gradibus 38 69

Item in quarto sinu est insula in gradibus 43 30 70 30

Et in quinto sinu est et insula posita 46 71

Et in ultimo sinu est insula in gradibus 48 30 72

Gronlandie situs : pars ejus maxime meridionalis gradus habet 7 63 15

Primum ejus promontorium 10 65

Secundum ejus promontorium 11 68

Tercium ejus promontorium 15 71

Ab hoc autem promontorio versus orientem extenditur patria vastissima usque in Rusland exclusive. Tenent autem septentrionalia ejus Careli infideles, quorum regio extenditur sub polo septentrionali, versus fines *orientales: quare polus nobis septentrionalis est eis meridionalis,* in *gradibus* 66

Sat patenter: explicit Claudius.

Si les nombres qui déterminent la situation des lieux inscrits dans le tableau étaient toujours exprimés, sans laisser des lacunes pour éviter la répétition des mêmes nombres, ou que ces lacunes fussent remplies par des signes, ou que l'écriture ne se prolongeât point entre les indications numérales, on se serait beaucoup moins trompé dans leur transcription. Mais tantôt les degrés sont omis, comme les 59 de latitude de Skagen à Slesvigh, et les minutes seules sont copiées; on oublie ainsi de placer Slesvigh et Eghernefiordh à 56 degrés de latitude indiqués pour plusieurs points inférieurs; tantôt les degrés, quoique hors de la colonne, comme les 60 de latitude depuis Somerzhavn jusqu'à Scoholm, sont distingués par la différence de couleur; tantôt les degrés de latitude sont transposés, comme ceux des lacs de Visingh et de Vone et des deux villes citées dans l'Islande. Le 66.ᵉ degré de latitude, à la fin de la description, marque le 22.ᵉ parallèle de la carte de Claudius, où le plus long jour est de 24 heures, et n'a aucun rapport avec les Caréliens qui ne commencent qu'au 70.ᵉ degré de la même carte. Je n'ai pu me rendre compte ni de cette indication, ni de l'observation faite sur le pôle septentrional pour nous, méridional pour eux. Les longitudes et les latitudes des îles et des lacs ne partant pas d'un endroit fixe, et ne pouvant être qu'approximatives, on ne s'étonnera point que les grands lacs de Visingh et de Vone soient également avancés vers l'est et séparés par quatre degrés du nord au sud. Les protes et les bibliographes trouveront la plupart de ces erreurs bien excusables dans de simples copistes. D'ailleurs, puisqu'on les découvre avec un peu d'attention, elles n'ont dû arrêter ni Claudius ni Philastre, qui n'auraient pu les corriger sans nuire à la netteté du manuscrit, trop souvent sacrifiée à la correction. Quant à l'omission des longitudes et des latitudes depuis la ville d'Upsal jusqu'à celle d'Abo, elle prouve que Claudius, ayant trop de bonne foi pour les supposer, n'en possédait pas alors les documents, et que Philastre était pressé de faire entrer dans son atlas la carte et la description du nord de l'Europe, en attendant que l'auteur pût compléter ses renseignements dont l'addition était facile. Mais la mort qui enleva bientôt le cardinal ou la négligence de ses héritiers empêcha d'ajouter ce complément.

Quelque bizarre que soit la direction orientale donnée par Ptolémée à la carte de l'Écosse qui figure avec celle du nord de l'Europe dressée par Claudius, elle paraît plutôt fausse qu'absurde à M. Gossellin, dont Pinkerton juge l'explication à la fois neuve, lumineuse et satisfaisante dans ses *Recherches sur l'origine et les divers établissements des Scythes ou Goths; Paris, 1804, in-8.°, p.* 365, etc. L'étendue de la lettre que notre savant géographe écrit là dessus à l'illustre anglais n'en permet pas l'insertion. Claudius ne place pas *Tyle* ou *Tule* au nord des Orcades, ainsi que le fait Ptolémée, sans doute parce qu'il regardait la saillie méridionale de la Norvége comme cet endroit vague et lointain de l'antiquité.

Si d'un côté l'emploi fréquent des lettres aspirées et gutturales que présentent les noms propres de lieux signale l'âpreté de l'ancienne prononciation; de l'autre, les variations qu'ils ont subies par l'adoucissement progressif du langage, accusent la difficulté de rendre ces sons étrangers, et empêchent d'en saisir les nuances pour remonter à leur origine. Aussi me suis-je vu souvent arrêté en comparant les dénominations diversement orthographiées ou même altérées, à plus forte raison, les dénominations purement locales. Je me plais à déclarer que, pour sortir de cet embarras résultant de mon ignorance des langues scandinaves, j'ai eu recours à la bienveillance de M. A. Stahl, secrétaire de la Société Asiatique de Paris, qui m'a prêté le secours de son érudition. Aux détails suivants, il sera facile de reconnaître ce dont je lui suis redevable et ce qui peut m'appartenir.

Claudius donne à la réunion du Danemark, de la Norvège et de la Suède la forme d'une île bien plus étendue en longitude qu'en latitude, et entourée de la mer, excepté du côté oriental où elle est baignée par une espèce de fleuve. Une terre inconnue borne la partie septentrionale de cette mer, qu'on doit distinguer de la mer Glaciale, plus rapprochée du pôle. Cette mer intérieure emprunte différents noms, les uns énoncés dans la carte, tels que *Nordhinck Bondh*, *Mare congelatum*, *tenebrosum*, *quietum*, *Vest-haf*, *OEresond*; les autres dans la description, tels que *Occeanus germanicus*, *sarmaticus*, *deucaledonius*, *Mare balticum*, *Mare thobierghhede*, *Lotho*. Les golfes de Bothnie et de Finlande ne sont point mentionnés. *Nordhinck Bondh* ou plutôt *nordisk bund* signifie *fond de la mer du Nord*, et s'applique bien à cette partie septentrionale; *Vest-haf*, *mer solide*, convient à *congelatum mare*; *OEresund*, *ouverture du détroit*, répond à ce qu'on appelle le Sund; *Mare thobierghhede* ou plutôt *tobierghhede*, *mer du sauvetage*, peut se rapporter à la protection qu'y trouvent les vaisseaux avant ou après le passage des Belts; *Lotho*, indiqué sur la côte de Halland, serait-ce le golfe de Laholm?

L'île de *Sumershavn*, où saint Olaf, roi et martyr, défit, avec l'assistance divine, l'infidèle Fruisuus, n'existe pas aujourd'hui sur la côte de Halland, comme l'indique Claudius; mais on y voit Sumer-Hœfn, c'est-à-dire *port d'été*, dans une position différente de celle qu'il assigne au port de *Somerzhavn*. Les îles de *Vœnskeu*, qu'on ne trouve pas sur les cartes modernes, semblent tirer leur dénomination du mot *vaen, agréable* (consultez la carte du nord de l'Europe, revue par Geerz, 1835, Schleswig). Quoique les îles de *Hœlioland* soient placées au-dessus de *Ripis*, ce seraient les îles de Heilgoland, aux environs des bouches de l'Elbe, à en juger plus par une ressemblance nominale que par leur détermination qui était probablement incertaine. Le nom *Fareœ* de la description est également analogue à celui de Fœroé; mais la situation est trop différente. L'île qui porte dans la carte le titre de *Pheonia*, paraît aussi dans la description sous celui de *Odonis* et *Ohdohnis insula*; c'est là que se trouve *Salinga*, lieu natal de Claudius, dont les parents sont nommés. L'épithète *maxima*, relative aux îles voisines de la Chersonèse cimbrique, doit signifier *la plus importante* et non *la plus grande*, puisque *Pheonia* est représentée plus petite que *Sellandia*, et que Claudius devait connaître la grandeur de deux endroits si rapprochés. La description donne à l'île de Séeland, c'est-à-dire *pays de mer*, selon l'étymologie connue, le nom de *Sellandia*, c'est-à-dire *pays du phoque* ou *chien marin*, tandis que la carte la nomme *Caniscula*, qui paraît une altération de *Caniscola*, c'est-à-dire *habitation du chien*, et semble répondre au mot *Sellandia* latinisé; cette étymologie inconnue est aussi simple que caractéristique, cet animal, commun dans le Sund, s'appelant *salr* en vieux danois et *sael* en danois moderne. Les abbayes d'*Essieron* et de *Snuor*, non loin de *Roskild* dans *Sellandia*, sont citées comme servant de sépulture aux rois de Danemark, et les parages du Sund comme remarquables par la pêche des harengs. Le Gothland actuel, nommé *Gulhland* dans la carte et *Gyylland* dans la description, renfermait *Visbu*, maintenant Wisby. *OEland* et *Bornholm* ou mieux *Biœrnholm*, signifient l'un, *pays de l'île*, l'autre, l'*île aux ours*. Rugen se montre dans la carte sous la dénomination de *Ryland*, confirmée par *Rygir*, c'est-à-dire, habitants de cette île, d'après un passage que cite au mot *Lœg* le dictionnaire islandais de Biœrn. La Poméranie y est nommée simplement *Pomaria*. Le *lacus Penarum*, placé à l'orient de *Nidrosia*, serait-il le golfe de Drontheim, dont il est pourtant éloigné? Les lacs de *Visingh* et de *Vone* deviennent ceux de Wetter et de Wener par la transposition des latitudes indiquées; le premier comprend encore aujourd'hui l'île de Wising.

Les villes qualifiées *Hollensis* et *Scalotensis* sont celles de Holum ou Holar et de Scalaholt ou Skalholt avec la même transposition des latitudes respectives. Elles appartiennent à l'Islande, où les chevaux, petits et blancs, mangent du poisson sec en guise de foin, selon Claudius, dont l'observation est constatée de nos jours dans les pays les plus septentrionaux de l'Europe et de l'Asie. Quant à son observation sur l'île de *Femœe*, où il naît uniquement des femelles, jamais des mâles, elle paraît trop absolue, si toutefois elle est fondée. Quoique *Scoholm* de la description et *Stokolm* de la carte, se rapprochent beaucoup, une différence de 12 degrés de longitude s'oppose à leur identité, à moins de présumer une énorme erreur dans la graduation du texte ou dans la confection de la carte, erreur que la dissemblance des nombres 44 et 56 rend presque impossible. La chaîne portant le nom de *Coberbyerghe*, mieux *Cobberbierghe*, *montagnes de cuivre*, annonce que ce minéral y abonde; elle ne doit pas être confondue avec celle de *Doverfield* que la carte en distingue.

La situation et la dénomination des peuples d'alors, ne ressemblant guère à ce que l'on connaît aujourd'hui, ne sont pas faciles à retrouver. On remarquera seulement que les *Gentelandi* et les *Gromelandi* devraient s'écrire *Jemtelandi* et *Gronelandi*, et que ces derniers doivent être venus du Groënland, le même pays que *Engroneland* (Histoire des découvertes et des voyages dans le Nord, par Forster, t. 1.er, p. 321, in-8°. Paris, Cuchet, 1788), pays que Claudius nomme *Gronlandia*, et dont l'extension était indéfinie. Cependant ces deux contrées sont désignées sur notre globe de vermeil par les mots *Gronlandia* et *Grunl*, abrégé de *Grunlandia*, ainsi que par *Engeron*, au lieu de *Engron*, abrégé de *Engronlandia*; elles le sont par *Gronelant* et *Engronelant* dans la Mappemonde d'Oronce Finé qu'explique Sébastien Munster.

D'après les différences qui existent entre la manière d'écrire les mêmes mots tant dans les cartes que dans les tableaux descriptifs de Ptolémée et de Claudius, il paraît que les auteurs de ce temps-là ne s'embarrassaient guère de l'uniformité de l'orthographe, et qu'ils tenaient plus à obtenir un beau manuscrit qu'à le charger de corrections pour lesquelles ils comptaient sur l'intelligence des lecteurs. Sans cela ils auraient eu souvent recours à des errata placés à la marge ou à la fin de l'ouvrage.

Je terminerai cette notice par quelques renseignements que j'ai pu me procurer sur des sujets dont il a été question dans mon premier mémoire.

Pour éclaircir l'histoire de notre manuscrit relative au neveu, héritier du cardinal, je me suis adressé à M. F. Cloüet, bibliothécaire de Verdun. Il m'a informé que la tapisserie donnée par cet évêque à la cathédrale, dont j'ai parlé à la page LIX de ce volume, et qui s'y voyait encore en 1745, a disparu depuis la révolution française, et qu'on ignore ce qu'elle est devenue. Destinée à décorer le chœur, elle consistait en deux grandes pièces représentant la passion de J.-C. avec les figures analogues de l'ancien testament. Mais, après avoir consulté tous les ouvrages tant manuscrits qu'imprimés, où il espérait trouver des renseignements sur une donation de la bibliothèque du susdit évêque à l'église cathédrale, ses recherches ne lui ont rien appris sur un fait qu'il regarde comme très-probable. Il pense que notre manuscrit aura été compris dans la vente que le malheur des temps contraignit le chapitre de Verdun à faire d'une portion de sa bibliothèque vers 1635. On observera que cette époque, coïncidant avec la fondation de la bibliothèque des Tiercelins de Nancy, d'où provient le manuscrit de Ptolémée, donne du poids à l'opinion de M. Cloüet et confirme mon assertion sur son origine. Dans ce cas, le monogramme de 1543, cité à la même page LIX, pourrait concerner un membre savant du chapitre de Verdun, qui voulait perfectionner le manuscrit; mais la date des dégradations, qui ne peuvent nullement lui être attribuées, reste toujours indécise.

Je suis redevable à M. Louis Paris, bibliothécaire-archiviste de la ville de Rheims, d'une notice sur le manuscrit de la version latine d'Angelo, que le cardinal Philastre, qui avait été doyen du chapitre de Rheims, transmit, à la fin de 1417, du concile de Constance à la bibliothèque de cette ville, comme nous l'avons dit, page LVIII. Ce manuscrit in-4.° sur beau vélin, remarquable tant par son écriture que par sa conservation, contient 237 feuillets, dont les pages sont noires, les titres rouges, les initiales en couleur rehaussées d'or et ornées dans le goût du 15.° siècle, les degrés de longitude et de latitude suivis de fractions sans minutes; mais il n'a ni cartes ni vignettes, et n'est décoré en tête que d'une superbe initiale et des armes du donataire. Il porte l'intitulé suivant: *Cosmographia Tholomei Alexandrini, summi astronomici, ex greco in latinum versa per Jaco-*

bum Angelum florentinum, latine et grece lingue peritissimum, anno Domini millesimo quadringentesimo nono, tempore magni et incomparabilis scismatis. Prologus : Beatissimo patri Alexandro V.º, pontifici maximo Jacobus Angelus, etc. Sur la garde de la reliure on lit ces mots que Guillaume a tracés lui-même : *hic cathenatus* 10ª *februarii, anno* 1412, annonçant qu'alors le manuscrit était enchaîné dans sa bibliothèque, selon l'usage de l'Italie, pour empêcher la soustraction des livres. L'envoi déclare que Guillaume, après plusieurs années d'attente, est parvenu à obtenir de Florence la présente copie, qui, à raison de son extrême rareté en France, mérite d'être bien conservée. Enfin on y voit par la signature *Guillelmus Filiastrus,* que le cardinal se nommait Filiastre et non Fillastre, ni Philastre, comme on l'écrit ordinairement (1).

---

(1) A ce manuscrit était joint le dessin magnifique d'un planisphère sur peau de cheval marin, antérieur à la gravure du planisphère du cardinal Borgia. Leur confrontation l'un avec l'autre et avec notre globe de vermeil aurait pu éclaircir quelques points de l'histoire de la géographie. Malheureusement ce dessin n'existait déjà plus à la bibliothèque de l'église de Rheims, dès le commencement du 18.º siècle, ainsi que je l'ai appris de M. Louis Paris, qui a vainement feuilleté les archives afin d'en découvrir une description, dont les détails auraient fait moins regretter une si grande perte pour la science. Je tiens aussi de sa bienveillance le calque d'une mappemonde enluminée et comprise dans l'envoi de 1417, qu'il suppose une réduction du dessin précité. Quand même cela serait effectivement, elle est d'une dimension si petite que je n'ai pu en tirer parti. Mais comme elle sert de frontispice à un Pomponius Méla, manuscrit in-4.º de

Si notre copie laisse quelques lacunes, en revanche elle a été faite à Rome sous la direction du savant cardinal; elle se trouve postérieure de 15 ans au manuscrit de Rheims, enrichie de cartes et de notes de la composition de Philastre, et prouve qu'il tenait toujours à la traduction d'Angelo; elle a d'autant plus de prix, qu'elle est pour ainsi dire son acte mortuaire,

GLOBE DE VERMEIL.

Ce globe, d'environ 6 pouces de diamètre, a reçu son développement dans une mappemonde (planche IV) divisée en hémisphère oriental et occidental, où sont représentées les terres et les eaux avec divers ornements. La ciselure et la dorure de l'orfévrerie qui distinguent parfaitement les unes des autres, sont remplacées par les ombres usitées dans les cartes géographiques, seule manière d'obtenir cette distinction sans choquer la vue. Le parallélogramme saillant où sont gravés les noms des mers est également supprimé, pour les faire mieux ressortir sur un fond

---

130 feuillets, précédé d'une lettre de plus de 20 pages du cardinal donataire sur l'importance de cette cosmographie, j'ai cru devoir mentionner un si beau manuscrit sur vélin, dont Gronovius n'a point fait usage dans son excellente édition de 1748, et qui serait utilement consulté pour une réimpression. Il me semble que c'est le lieu de relever une erreur de la Bibliographie universelle de M. Michaud, article Fillastre, où l'on prétend que la bibliothèque de Rheims possède un manuscrit de Pomponius chargé de notes inédites de Guillaume, article dont j'ai déjà signalé une autre erreur au sujet de Ptolémée, pag. LVIII de mon premier mémoire.

blanc. Hors ces changements que nécessitait le dessin, le globe est fidèlement retracé, y compris la figure et la grandeur des lettres, la coupe, l'abréviation et l'orthographe des mots latins. Si les fautes commises par l'artiste dans la copie des mots nombreux d'une langue étrangère, peuvent être rejetées sur la distraction et l'ignorance, celles qui lui sont échappées dans la copie de quatre mots de sa langue maternelle, demeurent sans excuse. On conçoit en effet que les erreurs dans une longue transcription sont presque inévitables, quand les lettres n'ont pas été tracées à la pointe d'un instrument, avant de subir l'opération de la gravure, et qu'elles ne pourraient être corrigées sans nuire à la beauté du travail; aussi l'exécution de l'ouvrage ne porte-t-elle aucun vestige de rature. Mais l'auteur du globe, à qui la plupart de ces fautes ne peuvent être imputées, aurait dû les prévenir, en surveillant l'ouvrier qu'il paraît avoir livré à lui-même, sans se défier de son exactitude. De là certaines bévues, telles que *tera*, *rego*, *aqarius*, écrites en d'autres endroits *terra*, *regio*, *aquarius*; de là *paceficuum*, *occidus*, *maredionalis*, pour *pacificum*, *occiduus*, *meridionalis*. Les erreurs annoncées plus haut comme inexcusables sont les points cardinaux, inscrits sur l'horizon de la sphère de Ptolémée, et désignés par les noms *mitnacht*, *mitag*, *ufganng*, *nidergang*, c'est-à-dire nord, sud, est, ouest, au lieu des noms alors usités *mitternacht*, *mittentag*, *ufgang*, *nidergang* du moyen âge, qui ressemblent beaucoup à ceux de l'allemand moderne (Voyez les pages LXI et LXII du mémoire lu à la séance publique). Ces citations suffisent pour expliquer d'autres altérations, dont la présence atteste la bonne foi, mais dépose contre le savoir et l'attention du graveur. D'ailleurs la sphère n'offre rien de particulier, excepté deux languettes adhérentes, l'une à la droite au nord, l'autre à la gauche au sud du colure des solstices, à distance fort inégale de l'équateur, et percées chacune d'un petit trou qui se trouve à leur extrémité. Je ne puis deviner l'usage de ces languettes.

Il me reste à constater la perte du petit globe terrestre, l'emploi sacré du globe de vermeil, les époques de l'offrande et de la fabrication.

Le témoignage authentique de deux Tiercelins, consigné dans des ouvrages assez rares que possède la bibliothèque publique de la ville de Nancy (1), mettra hors de doute les trois premières assertions du mémoire. Le Père Vincent cite, page 163, parmi les objets précieux offerts à la Vierge de Sion par le duc Charles IV heureusement revenu en Lorraine, *une coupe très-riche en forme de globe, qui a été convertie en ciboire*. L'auteur n'ajoute rien à cette indication. Le père Troüillot donne, page 74, la description suivante: « *une coupe très-riche, représentant le globe terrestre, d'un demi-pied de diamètre*, où sont ciselés et décrits au parfait tous les pays, terres, royaumes, mers, fleuves, rivières, comme sur une mappemonde; les

---

(1) Histoire de l'ancienne image miraculeuse de Notre-Dame de Sion, etc., par le R. P. Vincent. Nancy, Charlot, 1698, in-8°.

Histoire de l'image miraculeuse de Notre-Dame de Sion, etc. par le R. P. Troüillot. Nancy, Charlot, 1757, in-8°.

terres étant distinguées des eaux par une belle dorure et un bleu céleste représentant les eaux. Cette coupe est surmontée d'une sphère armillaire, avec tous les cercles représentant les cieux, *et la terre étant au milieu, de la grosseur d'une noix,* le tout étant supporté par un Atlas nu, de la hauteur de huit pouces, posé droit sur le pied du globe : cet Atlas tient en ses mains une corne d'abondance, de sa hauteur, dont le haut chargé de toute sorte de fruits contre sa tête, qui supportent ensemble et le globe et la sphère ; le tout d'argent, proprement doré en dedans et en dehors, ayant de hauteur environ 18 pouces. » Il est donc indubitable que le petit globe existait au moins après la première moitié du 18.e siècle, et que le grand globe servait de ciboire bien avant cette époque : il est même très-probable que cet usage dura jusqu'à la révolution française. De plus, l'identité du vase actuel et de l'ancien ne peut être contestée. La date de l'an 1663, où l'offrande du prince fut portée processionnellement de Nancy à Sion, est aussi mentionnée aux pages 157 et 69 des éditions précitées.

L'époque de la fabrication de ce chef-d'œuvre d'orfévrerie n'est pas aussi facile à déterminer.

Afin d'y parvenir par une voie plus directe, j'aurais eu besoin de livres, à l'aide desquels j'eusse passé en revue tous les lieux gravés sur le globe. Je me suis bien assuré que la plupart des noms viennent de Ptolémée, du roi Alfred, de Marco-Polo, des anciens voyageurs espagnols et portugais. Mais cette revue n'ayant pu être qu'incomplète, faute d'une comparaison détaillée, je m'adressai à des personnes instruites et bienveillantes de plusieurs villes, que je priai de fouiller les bibliothèques publiques et particulières pour découvrir des cartes propres à fixer du moins approximativement la date de notre globe de vermeil. Elles ont malheureusement échoué dans leurs recherches, et n'ont pu m'apprendre combien de temps on crut à la jonction de l'Amérique avec l'ancien continent, telle que la désigne l'auteur de ce bel ouvrage. Il m'a donc fallu revenir aux monuments que j'avais auparavant interrogés.

L'examen de quelques traits de ressemblance ne pourrait-il pas déterminer l'époque de la fabrication du globe?

En jetant un coup d'œil sur le globe de vermeil et sur la mappemonde d'Oronce Finé, la configuration générale des terres et des mers de l'ancien et du nouveau continent porte à penser que les auteurs de ces deux ouvrages se sont copiés; mais en examinant la différence des noms imposés à un grand nombre de pays, on ne tarde pas à reconnaître qu'ils ne sont point plagiaires, et qu'ils paraissent avoir puisé aux mêmes sources. L'un et l'autre offrent un grand point de ressemblance par le prolongement oriental de l'Asie et par la dénomination d'Amérique donnée seulement à la partie méridionale du nouveau monde. Pour eux, la Taprobane est Sumatra, le Prêtre-Jean règne en Abyssinie, Yucatan n'est qu'une île, la découverte de la Californie semble ignorée, quoiqu'elle pût être connue dès 1540. Si la gravure de la mappemonde insérée dans le *Novus orbis*, etc., de 1532 et répétée dans l'édition in-fol. de Pomponius-Méla, Paris, 1540, prouve que la jonction de l'Asie et de l'Amérique était alors une opinion reçue; on en peut dire autant de cette même mappemonde un peu modifiée en 1566, qui ne figure pas simplement comme document curieux parmi le recueil de cartes géographiques intitulé: *Tavole moderne*; etc. Car une autre carte de cet atlas, sous la date de 1570, représente cette jonction, et s'annonce comme description générale de la terre jusqu'alors connue. Le placement de la Taprobane à Sumatra n'a rien de décisif, puisque les géographes anciens et modernes se sont long-temps partagés, au sujet de cette île antique, entre Sumatra et Ceylan, et que les savants Bochart (*Geographia sacra. Cadomi*, 1646, *in-fol.*) et Gossellin (*Recherches sur la géographie systématique et positive des anciens. Paris*, 1813, *t.* 3.°, *in-4.°*) se sont vus obligés d'établir par des rapprochements solides la position de la Taprobane à Ceylan, et de combattre victorieusement l'illustre Mercator qui la transportait à Sumatra. Cette erreur se conçoit dans un homme si habile, quand des géographes du 17.e siècle, tels que Sanson, Nolin, etc., se sont obstinés à faire une île de la péninsule de Californie, en dépit de la découverte de Cortez (*Précis de la Géographie universelle, par Malte-Brun*, p. 621, t. 1, 2.° édit. in-8.°, 1832). Il n'est donc pas étonnant qu'elle soit adoptée par l'auteur du globe de vermeil, malgré ses connaissances en géographie.

L'empire du Prêtre-Jean serait-il plus propre à résoudre la question?

A la vérité le nom de ce prince chrétien n'est point gravé sur le globe; mais une couronne fermée et accompagnée d'une croix le caractérise suffisamment avec l'inscription Abassia, Christianorum regio, et un peu plus loin major Æthiopia, incolæ sunt Christiani li. Les deux lettres li qu'on a gravées seules sur le globe, faute de place, semblent être la première syllabe du mot liberi, probablement parce que ces chrétiens étaient gouvernés par un prince chrétien indépendant. Le cardinal Guillaume, dans une note de son atlas de Ptolémée en 1427, 4.° carte d'Afrique, parle du Prêtre-Jean comme d'un roi chrétien, régnant en Éthiopie, au nord de l'équateur, sur 72 vassaux dont 12 seulement sont infidèles. M. A. Sabellicus, cité par Sébastien Munster, préface du *Novus orbis*, etc., 1532, dit avoir appris des indigènes de l'Afrique intérieure, que le Prêtre-Jean commande en Éthiopie à 62 rois, sans ajouter rien de plus. Si cette indication est exacte, et qu'il ne faille pas lire 72, qui confirmerait le témoignage du cardinal, elle annonce toujours un grand prince, que les naturels décoraient du titre de *Giam*, c'est-à-dire puissant. Le planisphère du cardinal Borgia se tait sur le nombre des vassaux du Prêtre-Jean, mais il porte l'inscription suivante: *In Nubia Christianorum sedes presbiteri Joannis, cujus imperium ab ostio Gadis per meridiem usque ad fluvium auri.* La vaste étendue d'un empire embrassant la partie occidentale de l'Afrique depuis le détroit de Gadès (Gibraltar) jusqu'à l'embouchure du fleuve de l'or (Niger ou Joliba), résulte de ce passage gravé sur un monument dont la date remonte vers le milieu du 15.e siècle, d'après la savante dissertation de Heeren, imprimée en 1808 et insérée au vol. XVI in-4.° des Mémoires de la Société de Gœttingue. La Mappemonde d'Oronce Finé, publiée en 1532 et en 1566, offre seulement une petite croix avec ces mots tracés au nord de la ligne équinoxiale, en Abyssinie : *hic dominatur papa Joannes*. La carte d'Ortélius de 1570 assigne au Prêtre-Jean le nord de l'équateur en ces termes : *hic longe lateque imperitat magnus presbyter Johannes, totius Africæ potentissimus rex.*

Toutes les autorités précédentes, qui comprennent les premières années du 15.e siècle et les dernières du 16.e, s'accordent avec notre globe de vermeil pour établir le domaine du Prêtre-Jean en Afrique. Cependant quelques personnes, dont le témoignage n'est pas suspect, Marco-Polo, vers la fin du 13.e siècle, Marin Sanuto, vers le commencement du 14.e, Émanuel, roi de Portugal, dans les premières années du 16.e, affirment que le Prêtre-Jean régnait en Asie, fait dont Heeren convient lui-même, d'après les seules assertions du voyageur et de l'historien, sans citer la lettre adressée de Lisbonne en 1513 par le roi Émanuel au pape Léon X, et insérée au *Novus orbis*, etc. de 1532, pag. 161, etc., lettre qui lui était apparemment inconnue. Il est possible de concilier ces témoignages, qui semblent contradictoires, par la considération que le Prêtre-Jean, maître d'un empire dont l'origine et la destruction sont également obscures, l'a successivement étendu sur l'Asie et sur l'Afrique ; que les dénominations d'Inde et d'Éthiopie s'appliquant à de vastes pays de ces deux continents, *India inferior Johannis presbiteri*, vers l'orient de l'Asie, dans la carte de Marin Sanuto; a pu être confondue avec *India inferior presbyteri Joannis*, située au centre de l'Afrique, selon la remarque de Guillaume Philastre; que les limites des états de ce souverain ayant varié, dans la suite des temps, à raison de ses victoires ou de ses défaites, on ne doit pas être surpris de le voir régner tour à tour ou à la fois en Asie et en Afrique.

De cette discussion il s'ensuit que l'époque de la fabrication de notre globe de vermeil ne peut être fixée d'une manière précise; mais qu'elle se rapporte nécessairement à la dernière moitié du 16.e siècle, et qu'elle précède d'un siècle environ l'année 1663 où il fut offert à Notre-Dame de Sion.

Nota. Il est dit, à la page LX de mon premier mémoire, que les dégradations ne portent nullement sur les cartes de Ptolémée ajoutées au manuscrit par Guillaume Philastre, et à la page 70 du supplément, qu'on ne voit point la carte générale des trois parties du monde qui devait figurer à la tête de l'atlas. Cette lacune ayant été découverte trop tard n'a pu être indiquée en son lieu, et laisse subsister une contradiction qu'il est facile de corriger.

MÉDAILLES

DE

L'IMPÉRATRICE ANASTASIE,

FEMME DE TIBÈRE CONSTANTIN,

PAR M. DE SAULCY.

Un heureux hazard m'a procuré deux Moyens Bronzes Byzantins, que j'ai long-temps étudiés avant de pouvoir leur assigner une place convenable dans ma suite impériale. Après beaucoup d'incertitude, je crois enfin être arrivé au point de préciser leur origine, et par suite de faire prendre rang dans les cabinets à l'effigie d'une impératrice dont les médailles ont jusqu'ici échappé aux investigations numismatiques.

Voici la figure et la description de ces deux médailles, qui ne diffèrent entr'elles que par la date du revers.

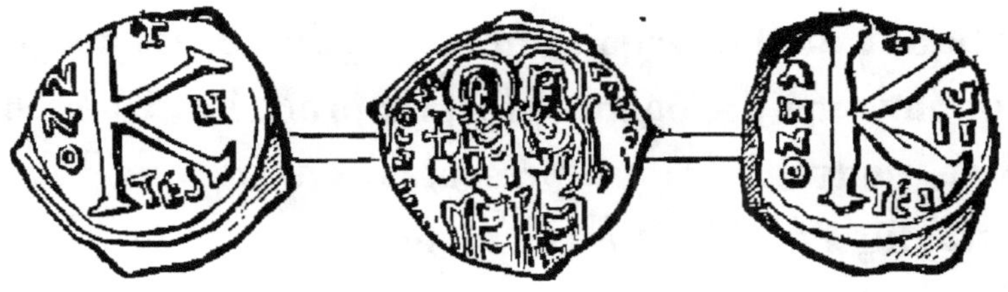

... TIbCONSTANTIN.... Deux figures impériales nimbées et assises. Celle de gauche tient un globe surmonté d'une croix; celle de droite tient une petite croix.

℞ ANNO V ou VII. Dans le champ K; au-dessus une croix, au-dessous TES différent de Thessalonique.

Ne possédant d'abord qu'une seule de ces deux médailles, je lui trouvai, avec celles du même module de Justin II et Sophie, une telle analogie, que je pensai que la portion de légende qu'elle me présentait, n'était peut-être que l'assemblage de lettres inexpliquées formant par hazard la terminaison du nom *Constantinus*. Je laissai pourtant reposer la médaille parmi les indéterminées à revoir avec soin.

La seconde étant venue compléter la légende de la première, j'ai pu lire alors distinctement les mots rapportés plus haut. Comme je possédais aussi une pièce de Justin et Sophie du même module, du même atelier monétaire de Thessalonique, précisément de la cinquième année du règne de ce prince, et portant en toutes lettres le nom *Justinus*, il ne m'a plus été possible d'avoir le moindre doute sur l'attribution *négative* de ces deux médailles à l'empereur Justin. Dès-lors j'ai dû naturellement leur chercher une nouvelle destination dans le voisinage du règne de Justin II, puisqu'en effet le style de ces trois médailles est si parfaitement identique, qu'il devenait impossible de ne pas assigner à leur émission des époques fort rapprochées. Une seule pensée pouvait alors se présenter, savoir, que Tibère Constantin avait droit à ces monnaies.

C'est effectivement ce prince qui porte le globe crucigère et que la légende désigne d'une manière assez explicite pour qu'il n'y ait plus de doutes à cet égard.

Mais quel est maintenant le second personnage qui

figure sur la médaille? C'est ce que la discussion seule peut permettre de découvrir, en ne perdant pas de vue qu'une des deux effigies seulement porte le globe crucigère, et que par conséquent il n'y a qu'un empereur sur la médaille.

Justin II, neveu de Justinien, reçut la couronne impériale en 565; c'est en 574 seulement, c'est-à-dire dans la neuvième année de son règne, que, se sentant affaibli par de graves maladies, il créa César sous le nom de *nouveau Constantin*, et désigna pour lui succéder à l'empire, Tibère, capitaine de ses gardes et marié secrètement à Anastasie. Ainsi déjà Justin II est exclu de tout droit à ces monnaies, puisqu'elles portent des années antérieures à celle qui vit conférer les honneurs monétaires au nouveau Constantin, dont on voudrait peut-être retrouver ici des médailles frappées du vivant de Justin II.

Tibère adopté par Justin, du consentement de l'impératrice Sophie, le 7 septembre 574, fut couronné le 26 septembre 578. Depuis ce jour il régna seul jusqu'au 14 août 582. C'est donc une femme qui paraît à sa gauche; car il ne désigna Maurice pour son successeur que quelques jours avant sa mort, et nous avons sur ces médailles les dates de deux années différentes (1).

(1) Il est bon d'observer que les années du règne de Tibère ont été comptées sur les monnaies, à partir de sa promotion au rang des Césars, et non du jour où il fut couronné. Toutes ses médailles portant des dates antérieures à l'année IV, en sont des preuves évidentes.

Reste à choisir entre l'ambitieuse Sophie, qui était *Auguste*, et l'impératrice Anastasie.

Ici l'histoire est d'un grand secours et fait pencher la balance en faveur de la dernière. Théophane raconte que Sophie, à la mort de son époux, espéra que Tibère, dont elle avait favorisé l'élévation et dont elle ignorait l'union secrète, se trouverait heureux de cimenter sa brillante fortune en l'épousant elle-même. Tibère, déjà père de deux filles, n'avait garde d'y songer; Sophie crut donc ne pouvoir mieux faire que de profiter de la célébration des jeux du cirque pour exciter les acclamations du peuple, et par ce moyen décider Tibère à prendre une auguste épouse. Tout arriva comme Sophie l'avait pensé, au dénouement près : car aussitôt que ces acclamations se firent entendre, Tibère répondit que l'impératrice qu'on lui demandait de choisir existait, et qu'elle se nommait Anastasie. A cette nouvelle, grande fut la consternation de Sophie, qui avait espéré conserver la dignité d'*Auguste*, avec le premier rang. Anastasie fut aussitôt amenée en triomphe, et ceignit le diadème; ce fait se passa dans l'année même du couronnement de Tibère. Les deux médailles à expliquer portent la date des années 5.e et 7.e du règne de Tibère; elles sont postérieures au désappointement de Sophie : ce n'est donc pas cette *Auguste* qui figure à la gauche de l'empereur.

Je ne puis non plus admettre que ces médailles concernent Maurice et Constantine. Il y aurait eu un intervalle de vingt années entre l'émission de la pièce de Justin II et Sophie, et de la plus récente de celles dont je m'occupe. Le style monétaire ne se serait probablement pas conservé, pendant ce laps de temps, aussi exactement le même. D'ailleurs puisque les deux médailles à la légende *Constantin*.... sont évidemment imitées des monnaies de Justin, le graveur n'y aurait pas inscrit le nom de l'impératrice à l'exclusion de celui de l'empereur, et cela contrairement à l'usage adopté dans les monnaies de Justin II, où il est si rare de voir figurer le nom de Sophie, tandis que presque toujours son effigie accompagne celle de son époux. Enfin les lettres ıų, qui se lisent avant le nom CONSTANTIN, sont évidemment les traces du mot TIIJ, mis si souvent pour TIB sur les monnaies de cet empereur. Par l'ensemble de ces faits Maurice et Constantine se trouvent exclus de la possession de ces médailles.

Reste donc Anastasie seulement; et je conclus à l'intercalation du nom de cette princesse dans les listes impériales.

On remarquera que les deux médailles sont de date postérieure au couronnement d'Anastasie; et à moins que de nouvelles découvertes ne mettent au jour des médailles analogues, portant des dates moins élevées, je me croirai permis d'en tirer une preuve de plus en faveur de l'attribution que je propose de donner.

On m'objectera sans doute que jusqu'à présent aucune médaille appartenant à l'impératrice Anastasie, et frappée dans l'officine monétaire de Constantinople, n'a paru dans les collections, et qu'il semble étrange qu'un honneur refusé à Constantinople lui ait été décerné dans une officine provinciale. Mais de ce que des médailles ne sont pas encore trouvées ou interprétées, il ne s'ensuit pas qu'elles n'ont pas existé (1); d'ailleurs il est fort possible qu'il n'y ait point eu d'ordre impérial d'émettre des monnaies à l'effigie d'Anastasie, et que, par conséquent, les ateliers de Constantinople, placés immédiatement sous les yeux de l'empereur, n'aient point frappé des pièces analogues à celles de Thessalonique. Dans cette dernière ville on frappa des monnaies au nom de Justin II, jusqu'à la nouvelle de la mort de cet empereur et du couronnement de Tibère II. Fort peu de temps après, on sut les détails du couronnement d'Anastasie; et, sans aucun doute, les officiers monétaires, bien que sans ordres, si réellement ils ne furent pas donnés, auront cru ne point commettre un acte répréhensible, en remplaçant sur leurs coins la légende de Justin II par celle de Tibère, et en continuant à se servir des mêmes types, puisque le trône se trouvait encore occupé par un couple auguste.

Dans tous les cas, il résulte du fait de la fabrication de ces monnaies, continuée pendant au moins deux années, que les officiers monétaires n'ont pas reçu l'ordre de la faire cesser. Quoi qu'il en soit, l'attribution que je propose m'a semblé réunir assez de preuves en sa faveur pour que j'aie cru pouvoir la faire connaître aux amis de la numismatique byzantine.

---

(1) Il n'est pas moins difficile de deviner pourquoi le seul atelier monétaire de Carthage a frappé des monnaies *au nom* de l'impératrice Sophie, femme de Justin II.

IMITATION

D'UN

POÈME D'OSSIAN,

PAR M. GÉRARD-GRANDVILLE.

Étoile aux doux rayons, qui dans l'azur des cieux
Imprimes lentement tes pas silencieux,
Que regardes-tu dans la plaine ?
Les vents fougueux du jour retiennent leur haleine ;
La mer roule paisible au pied des rocs déserts ;
Des moucherons du soir le sourd murmure à peine
Interrompt le calme des airs.
Que regardes-tu dans la plaine,
Étoile aux feux resplendissants ?
Mais, suivant ta course lointaine,
Aux bords de l'horizon déjà tu redescends ;
Joyeuse autour de toi se presse une onde pure,
Et je vois ses flots carressants
Baigner l'or de ta chevelure.
Adieu, bel astre, adieu ! Que dans un noble essor
Succède à ta clarté le feu de mon génie !
Je sens sa force rajeunie.
Ombres de mes amis, apparaissez encor !
Bardes, guerriers, rivaux de gloire et d'harmonie,
Sur les monts de Lora, de vieux pins ombragés,
Votre foule imposante est au loin réunie.
C'est vous !... ô mes amis, que vous êtes changés !
Depuis ces heureux jours où Selma, dans ses fêtes,
Nous voyait disputer la palme des concerts,

Comme de doux zéphirs qui, chassant les tempêtes,
Murmurent tour à tour au sein des bosquets verts.

Un soir, de nos accents la sombre mélodie
Arrachait un soupir au cœur du vieil Armin ;
La harpe avait cessé de frémir sous sa main ;
Il pleurait ses enfants qu'au printemps de leur vie
Lui ravit un fatal destin.
« Pourquoi ce long soupir, cette douleur profonde,
Dit Cathmor au triste vieillard?
Oh! parle, qu'à nos voix ta douce voix réponde.
Armin, pourquoi ces pleurs et ce sombre regard? »
Armin répond au fils d'Olgar :
« Oui je suis triste, et rien sur cette terre
« N'apporte un terme à ma douleur amère.
« Ah! tu n'as pas connu les maux d'Armin!
« Tu vois fleurir ta naissante famille ;
« Ton fils Comal, la belle Irma ta fille,
« Tu peux, Cathmor, les presser sur ton sein :
« Moi je suis seul, hélas! tout me délaisse ;
« Sans nul appui se flétrit ma vieillesse.
« Daura, ma fille, ah ! du séjour des morts,
« Quand viendras-tu, par de touchants accords,
« Calmer les maux où mon âme succombe?
« Que ton sommeil est profond dans la tombe!
« Qu'il est étroit le lit sombre où tu dors!
« Affreuse nuit!... Levez-vous, vents d'Automne!
« Flots orageux, noirs torrents, rugissez!
« Vaste ouragan, que ton bruit roule et tonne
« Sur le sommet des chênes fracassés!
« Toi, sur mon front, Lune, par intervalles,
« Laisse tomber tes rayons froids et pâles.
« Rappelez-moi cette nuit de douleur

« Où mon Oscar sous la vague en fureur
« Tomba, frappé d'une mortelle atteinte;
« Où dans les pleurs ma Daura s'est éteinte !
« Une humble pierre, un monument obscur,
« C'est donc mon fils ta dernière conquête,
« Toi dont le bras, fort comme la tempête,
« Lançait un trait si rapide et si sûr !
« Mais ma Daura, qu'elle était jeune et belle !
« Moins éclatante est la neige nouvelle ;
« Ses yeux brillaient comme cet astre pur
« Dont la clarté dans la nuit étincelle.
« Alvar la vit, Alvar brûla pour elle :
« Jeune et vaillant, le doux titre d'époux
« Allait combler sa joyeuse espérance.
« Mais dévoré d'envie et de courroux,
« Du brave Alvar, Uthal rival jaloux,
« Ourdit dans l'ombre une lâche vengeance.
« Sous l'humble habit d'un obscur matelot,
« Sur le rivage il descend en silence.
« Le jour fuyait; laissant sa barque à flot,
« Près de ma fille à pas lents il s'avance.
« L'âge paraît argenter ses cheveux ;
« Son œil est calme et son front sérieux.
« — Fille d'Armin, des femmes la plus belle,
« Alvar, dit-il, non loin d'ici t'appelle.
« Au sein des eaux s'élève un roc altier
« Qu'ombrage un arbre à la feuille embaumée :
« Là ton époux attend sa bien aimée ;
« Viens, sans frayeur suis le vieux batelier. —
« Et trop crédule elle suit le perfide,
« Sur le rocher descend d'un pas rapide.
« Mais là partout règne un calme profond.
« Daura que glace une frayeur mortelle,

« Appelle Alvar.. L'écho seul lui répond.
« — Alvar! Alvar! c'est Daura qui t'appelle
« C'est ton amante! écoute; ah réponds-moi!
« Faut-il ici mourir de mon effroi! —
« Riant alors de sa douleur plaintive,
« Le lâche Uthal a gagné l'autre rive.
« Mais elle au loin pousse un cri douloureux:
« — Mon frère, ô ciel! mon époux! vous mon père!
« Arrachez-moi de ce séjour affreux! —
« Sa voix pénètre à la forêt voisine.
« Quittant la chasse, Oscar de la colline
« Soudain accourt; un arc armait son bras,
« Cinq dogues noirs se pressent sur ses pas.
« Il voit Uthal, le suit, l'atteint, l'entraîne,
« D'un triple nœud le lie au pied d'un chêne,
« Et seul le laisse en vain charger les vents
« De cris de rage et de longs hurlements.
« Dans la nacelle Oscar alors s'élance;
« Il va rejoindre, il va sauver sa sœur.
« Alvar paraît, croit voir le ravisseur,
« Et furieux, avide de vengeance,
« Lance une flèche... hélas! fatal destin!
« C'est de mon fils qu'il a percé le sein!
« L'infortuné! déjà sa main débile
« Laisse échapper l'aviron immobile;
« Sur le rivage il tombe, il se débat,
« Il meurt!.. Son sang coule aux pieds de ma fille.
« Le flot bruyant sur le rocher qu'il bat
« Brise la barque; au couchant l'éclair brille.
« Alvar affronte et l'onde et le trépas;
« Il fend les flots de ses robustes bras;
« Il va mourir ou sauver son amante.
« Mais à grand bruit des coteaux descendus
« Fondent les vents sur la mer écumante;

« Alvar s'abîme et ne reparaît plus.
« Sur le rocher Daura seule et captive
« Fait retentir les airs d'un cri perçant.
« Hélas! son père entend sa voix plaintive;
« Pour la sauver son bras est impuissant.
« Toute la nuit, resté sur le rivage,
« A la lueur qui perçait le nuage,
« J'entrevoyais ma fille au sein des flots.
« De la montagne ébranlant les échos
« Les vents fougueux, au milieu de l'orage,
« A mon oreille apportaient ses sanglots.
« Plus faiblement bientôt sa voix soupire,
« Meurt par degrés, ainsi qu'au sein des bois
« Des vents du soir le léger souffle expire.
« Sa vie, hélas! s'éteint avec sa voix.
« Ah! pleure, Armin, pleure, malheureux père.
« Ce tendre fils, cette fille si chère,
« Tant de vaillance, ô ciel! et tant d'attraits,
« Tout à la fois t'est ravi pour jamais!
« Depuis la nuit qui combla ma misère,
« Dès que du nord le souffle impétueux
« Descend des monts sur les flots orageux,
« Au bord des eaux je m'assieds solitaire,
« Tournant les yeux vers le fatal rocher.
« Souvent, au loin, sur ces rivages sombres,
« De mes enfants je vois errer les ombres,
« Fuir tristement, hélas! sans m'approcher.
« — O mes enfants, la voix qui vous fut chère
« Ne peut donc plus toucher votre amitié?...
« Du vieil Armin n'auriez-vous point pitié? —
« Mais ils ont fui, sans regarder leur père.
« Seul je gémis, je languis oublié.
« Oui je suis triste, et rien sur cette terre
« N'apporte un terme à ma douleur amère. »

Des bardes, mes rivaux, tels étaient les accents
Dans les murs de Selma jadis resplendissants.
Fingal prêtait l'oreille à leur douce harmonie.
Du passé dans leurs chants l'histoire rajeunie
Éveillait des pensers et de gloire et d'amour.
La harpe d'Ossian résonnait à son tour :
Il n'avait pas alors des ans subi l'atteinte.
L'âge a glacé ma langue, et mon âme est éteinte.
Des bardes, dont l'aspect se dérobe à mes yeux,
Parfois j'entends encor la harpe qui résonne :
Je cherche à retenir leurs chants harmonieux;
Mais ma mémoire m'abandonne.
Adieu, rêves heureux, que je dois oublier.
J'entends la voix des ans, en passant, me crier :
D'où vient qu'Ossian chante encore?
Il vieillit, languissant dans un triste abandon,
Et nul barde après lui sur la harpe sonore
Ne fera retentir son nom.

Puisqu'à jamais ont fui mes heures fortunées,
Roulez sur moi, tristes années,
Rapides comme l'ouragan ;
Qu'enfin la tombe s'ouvre et reçoive Ossian.
C'est l'asile de paix que ses soupirs demandent;
Les enfants des concerts m'attendent.
Du repos éternel ils sont allés jouir.
Ma voix reste, après eux, comme un bruit que répète
Le roc battu de la tempête,
Alors qu'un long fracas vient de s'évanouir,
Lorsque se taisent sur la plage
Les flots, le feuillage et les vents,
Et que le nautonier des arbres du rivage
Voit les derniers balancements.

OUVRAGES IMPRIMÉS

ADRESSÉS A LA SOCIÉTÉ EN 1835,

ET

INDICATION DES RAPPORTS

AUXQUELS ILS ONT DONNÉ LIEU.

OUVRAGES DES MEMBRES DE LA SOCIÉTÉ ROYALE.

Membres Titulaires.

Considérations générales sur la médecine, par M. le docteur Serrières. Nancy, V.e Hissette, 1835. In-8.° de 19 p.

Le Pour et le Contre sur la résurrection des Provinces, par M. Guerrier de Dumast (Extrait de la *Revue de Lorraine*). Nancy, V.e Hissette, 1835. In-8.° de 37 p.

Notice nécrologique sur M. le baron Mallarmé, par M. Gironde (Extrait du *Bon Cultivateur*). Nancy, Hæner, 1835. In-8.° de 6 p.

Discours prononcé par M. de Haldat, au nom de la Société Royale des Sciences, Lettres et Arts de Nancy, sur la tombe de M. le baron Mallarmé

(Extrait du *Bon Cultivateur*). Nancy, Hæner, 1835. In-8.° de 2 p.

Prospectus de l'Institut des sourds-muets de Nancy, par M. Piroux. Nancy, V.e Hissette, 1835. In-4.° de 4 p.

Rapport verbal sur l'Exposition de *Fuchsia* de M. Rudeau, jardinier à Nancy, et le peu de solidité des caractères sur lesquels sont fondées plusieurs espèces de ce genre, par M. Soyer-Willemet (Extrait du *Bon Cultivateur*). Nancy, Hæner, 1835. In-8.° de 8 p.

Associés.

Vie de Mungo Park; Dithyrambe sur l'attentat du 28 juillet; Introduction aux Voyages entrepris pour découvrir un passage de l'Atlantique au Grand-Océan par le N.-E., par M. Albert-Montémont.

Géorgiques de Virgile, traduites en vers français; Pensées en vers, deuxième édition; Art poétique d'Horace, traduit en français vers pour vers, par M. Ch.-L. Mollevaut, de l'Institut.

Art de lever les plans, par M. George.

Essai chronologique sur les mœurs, coutumes et usages anciens les plus remarquables dans la Lorraine, par M. Richard des Vosges.

Note sur quelques végétaux qui croissent spontanément dans le département du Gard, par M. d'Hombres-Firmas.

Cinq nouvelles, par M. le baron du Coetlosquet.

Pensées philosophiques, morales et littéraires, par M. Docteur. — Commissaires : MM. de Caumont, Gironde et Guerrier de Dumast (Rapporteur).

Éléments d'histoire naturelle, par M. Constant Saucerotte. — Rapporteur : M. Guibal.

Note sur quelques monnaies trouvées à Tronville; Observations numismatiques, n.° 1 à 3; Recherches sur les monnaies des Évêques de Metz, avec un supplément, par M. de Saulcy. — Rapporteur : M. Soyer-Willemet.

Installation de la Faculté des Sciences de Dijon, par M. Soulacroix.

De la Perrotine, nouvelle machine pour l'impression des indiennes; Quelques Conseils aux Agriculteurs contre la sécheresse; Mémoires sur les moyens de reconnaître l'acide sulfurique dans l'acide hydrochlorique du commerce; Rapport sur les papiers de sûreté de M. Mozard, par M. Girardin.

Discours prononcé par M. P.-A. Lair à la distribution des prix donnés aux élèves de l'École de Chant de Caen; Cinquième exposition des produits de l'industrie du Calvados, par M. Lair. — Commissaires: MM. de Haldat, Lamoureux aîné et Soyer-Willemet (Rapporteur).

Coup-d'œil sur l'état de l'instruction publique en France, et sur les développements qu'elle exige, par M. Collard de Martigny.

Description scientifique et historique de la haute Auvergne, par M. Bouillet. — Commissaires : MM. de Haldat, Lamoureux aîné (Rapporteur) et Mathieu.

Histoire de France depuis la restauration, tome IV, par M. Ch. Lacretelle, de l'Institut.

L'harmonie rendue facile, par M. de Garaudé. — Rapporteur : M. Guibal.

Compte-Rendu des travaux de la Société philotechnique de Paris, par M. le baron de Ladoucette.

Rapport annuel sur les travaux du Conseil de la Société pour l'instruction élémentaire, par M. Henri Boulay de la Meurthe.

Rapport de M. Bottin sur le Mémoire de M. Marc, concernant l'agriculture des Vosges.

Lettre à la nation anglaise sur l'union des peuples et la civilisation comparée, par M. M.-A. Jullien de Paris. — Commissaires : MM. Guerrier de Dumast (Rapporteur), de Haldat et Soyer-Willemet.

Lettre à M. Hase sur une inscription latine du 2.e siècle trouvée à Bourbonne-les-Bains, par M. Berger de Xivrey.

Considérations générales sur l'Hospice de la Maternité de Paris; Notice sur la peste de Moscou, par M. A. Gérardin.

RECUEILS DES SOCIÉTÉS LITTÉRAIRES ET SCIENTIFIQUES.

Mémoires de la Société Royale des Sciences, Lettres et Arts d'Abbeville.

Séance publique annuelle de l'Académie des Sciences, Agriculture, Arts et Belles-Lettres d'Aix.

Réglement et Annuaire de la Société des Sciences, Lettres et Arts d'Anvers.

Rapport sur les travaux de la Société des Sciences agricoles et Arts du Bas-Rhin.

Séance publique de l'Académie des Sciences, Belles-Lettres et Arts de Besançon.

Séance publique de l'Académie Royale des Sciences, Arts et Belles-Lettres de Bordeaux.

Analyse des travaux de la Société Linnéenne de Bordeaux.

Procès-verbal de la séance publique de la Société d'Agriculture, Commerce et Arts de Boulogne-sur-Mer.

Bulletin de l'Académie Royale des Sciences et Belles-Lettres de Bruxelles.

Séance publique et Mémoires de la Société d'émulation de Cambrai.

Mémoires de la Société d'Agriculture et Commerce de Caen.

Séance publique de l'Académie des Sciences, Arts et Belles-Lettres de Dijon.

Recueil de la Société libre d'Agriculture, Sciences, Arts et Belles-Lettres du département de l'Eure.

Bulletin de l'Académie Ébroïcienne.

Mémoires de l'Académie du Gard.

Mémoires de la Société de Physique et d'Histoire naturelle de Genève.

Rapports de la Société biblique de Genève.

Recueils des travaux de la Société médicale du département d'Indre-et-Loire.

Compte-Rendu des travaux de la Société d'émulation du Jura.

Mémoires de la Société Royale des Sciences, Lettres et Arts de Lille.

Compte-Rendu des travaux de la Société d'Agriculture, Sciences et Belles-Lettres de Màcon.

Séance publique de la Société d'Agriculture du département de la Marne.

Mémoires de l'Académie Royale des Lettres, Sciences et Arts de Metz.

Sommaire des travaux de la Société des Sciences médicales du département de la Moselle.

Le Bon Cultivateur, publié par la Société centrale d'Agriculture de Nancy.

Annales de la Société académique de Nantes.

Journal de la Section de médecine de la Société académique de la Loire-Inférieure (à Nantes).

Annales de la Société Royale des Sciences, Belles-Lettres et Arts d'Orléans.

Mémoires de l'Académie Royale des Sciences de l'Institut de France.

Journal de l'Institut historique.

Séance publique de la Société libre des Beaux-Arts de Paris.

Résumé des travaux de la Société entomologique de France.

Assemblées générales et Journal de la Société de la Morale chrétienne.

Bulletin de la Société de Statistique universelle.

Bulletin de la Société d'OEnologie.

Compte-Rendu des travaux de la Société philotechnique de Paris.

Précis analytique des travaux de l'Académie Royale des Sciences, Belles-Lettres et Arts de Rouen.

Séance publique de la Société libre d'émulation de Rouen.

Recueil de la Société d'Agriculture de la Seine-Inférieure (à Rouen).

Mémoires de la Société Royale d'Agriculture et des Arts du département de Seine-et-Oise.

Recueil agronomique publié par la Société d'Agriculture de Tarn-et-Garonne.

Séance publique de la Société Royale de médecine de Toulouse.

Annales de la Société d'émulation des Vosges.

ENVOIS DIVERS.

Recueil des historiens de France, par D. Bouquet.

Lettre sur l'Inde, par Victor Jacquemont.

De la métaphysique d'Aristote, par M. Cousin.

De la démocratie aux États-Unis d'Amérique, par M. de Tocqueville.

L'Asie, par M.e V. de Chastenaie.

L'Astronomie, poème latin.

Législation des bourses de commerce, par M. Mollot.

Histoire de la cité des Carnutes, tome 1.er, par M. Ozeray.

Le Sourd-Muet, par M. Paulmier.

Traité des instruments astronomiques des Arabes, par Aboul-Hassan.

Ébauche d'un essai sur les notions radicales.

Voyage d'un iconophile, par M. Duchesne aîné.

De l'établissement des Français à Alger, par M. Genty de Bussy.

Plan d'éducation, par l'abbé Nicole.

Nota. Tous les ouvrages précédents ont été donnés à l'Académie par M. le Ministre de l'Instruction publique.

De la doctrine des progrès continus, extrait de la Revue encyclopédique.

Nouvelles considérations sur les agents généraux moteurs de l'action universelle admis comme éléments de la lumière, par M. Hugueny. — Rapporteur : M. de Haldat.

Nautical and hydraulic experiments by colonel Mark Beaufoy; vol. I.

Mémoire sur l'exploitation du sel gemme dans le département de la Meurthe, par M. Levallois.

Essai sur la vie et les ouvrages de Schœll, par M. Pihan de Laforest.

Description du choléra-morbus épidémique qui a régné à St.-Nicolas, par M. Toussaint.

Mémoire sur les marnes trouvées dans le pays de Vaes, par M. le comte de Kerchove d'Exaerde.

Mémoire sur l'École pratique d'accouchements du département de la Moselle, par M. Morlanne.

Éloge de M. Dugas-Montbel, par M. Dumas.

Le premier chant de l'Anti-Lucrèce du cardinal de

Polignac, traduit en vers français, par M. le docteur Bonfils.

Recherches historiques et médicales sur l'origine, la nature et le traitement de la syphilis, par M. Vergié l'aîné.

Lettre sur divers sujets de médecine, par M. Guépin de Nantes.

TABLEAU

DES MEMBRES *composant la Société Royale des Sciences, Lettres et Arts de Nancy, suivant l'ordre de Réception.*

(OCTOBRE 1836).

BUREAU.

Président : M. le docteur SERRIÈRES.
Secrétaire de correspondance : M. DE HALDAT.
Secrétaire de bureau : M. REGNEAULT.
Bibliothécaire-Archiviste : M. SOYER-WILLEMET.

MEMBRES TITULAIRES.

1802. 25 Juil. (1). M. BLAU, Inspecteur honoraire de l'Académie.

M. DE HALDAT, Directeur de l'École de médecine.

M. LAMOUREUX aîné, Docteur en médecine, Professeur d'histoire naturelle à l'École Royale forestière.

M. MENGIN, Directeur des Ponts et Chaussées en retraite.

1805. 8 Juin. M. JUSTIN LAMOUREUX, Juge au Tribunal de première instance.

(1) Époque de la restauration de la Société Royale, fondée par STANISLAS le 28 Décembre 1750, et supprimée, avec les autres Académies et Sociétés savantes et littéraires de France, le 8 Août 1793.

1807. 12 Février. M. BRACONNOT, Directeur du Jardin des Plantes, Correspondant de l'Institut (Académie des Sciences).

M. DE CAUMONT, Recteur de l'Académie.

16 Avril. M. SERRIÈRES, Professeur à l'École de médecine.

1808. 28 Juillet. M. ÉTIENNE, Horloger et Mécanicien.

1811. 14 Février. M. JAQUINÉ, Ingénieur en chef des Ponts et Chaussées.

1813. 18 Mars. M. LÉOPOLD MATHIEU, ancien Substitut du Procureur-général de Lorraine (Associé depuis le 29 Décembre 1804).

1817. 6 Février. M. le Comte DROUOT, Lieutenant-Général.

1821. 5 Avril. M. le Marquis DE VILLENEUVE-TRANS (autrefois Vicomte FRANÇOIS DE VILLENEUVE-BARGEMONT), Correspondant de l'Institut (Académie des Inscriptions).

1822. 7 Février. M. SOYER-WILLEMET, Bibliothécaire en chef et Conservateur du Cabinet d'histoire naturelle.

1823. 7 Août. M. le Marquis DE PANGE, Pair de France.

1824. 3 Mai. M. BAILLARD, ancien Professeur de Rhétorique.

1826. 13 Avril. M. le Chevalier GUERRIER DE DUMAST, ancien Sous-Intendant militaire (Associé depuis le 5 Juin 1817).

27 Avril. M. GIRONDE, Inspecteur honoraire de l'Académie.

3 Août. M. NINET, ancien Sous-Bibliothécaire de la Ville.

1827. 10 Mai. M. PAUL LAURENT, Professeur de Dessin à l'École Royale forestière.

1828. 3 Janvier. M. GÉRARD-GRANDVILLE, Chef de Bureau à la Mairie.

1830. 1er Avril. M. AUGUSTE MONNIER, Propriétaire-Cultivateur.

1831. 3 Mars. M. PIROUX, Directeur de l'Institut des Sourds-Muets.

1833. 4 Juillet. M. GUIBAL, Juge de Paix, ancien Professeur à l'École d'artillerie de Valence (Associé depuis le 2 Juillet 1818).

1834. 18 Décemb. M. Regneault, Professeur de Mathématiques à l'École Royale forestière.

ASSOCIÉS NATIONAUX.

1802. 25 Juillet. M. Bresson, Conseiller à la Cour de Cassation, à Paris (Titulaire jusqu'au 18 Octobre 1832).

M. Mollevaut l'aîné, Supérieur du Séminaire, à Issy (Titulaire jusqu'en 1805).

M. Charles-Louis Mollevaut, Membre de l'Institut (Académie des Inscriptions), à Paris (Titulaire jusqu'en 1807).

M. de Rochefort, Littérateur, à Paris (Titulaire jusqu'en 1807).

M. Spitz, ancien Inspecteur de l'Académie de Nancy, à Varangéville (Titulaire jusqu'en 1823).

21 Septem. M. le Comte Boulay de la Meurthe, ancien Conseiller d'État, à Paris.

M. Capelle, Docteur en Médecine, à Bordeaux.

M Holandre, Bibliothécaire et Conservateur du Cabinet d'histoire naturelle, à Metz.

M. Lefébure, ancien Sous-Préfet, à Paris.

M. le Chevalier Lenoir, ex-Directeur du Musée des Monuments français, à Paris.

M. Noel, Inspecteur-général des Études, à Paris.

M. le Baron Pavée de Vandoeuvre, Membre de la Chambre des Députés, à Troyes.

M. Saulnier, ancien Préfet à Paris.

M. Sédillot, Docteur en médecine, à Paris.

M. le Baron de Silvestre, Membre de l'Institut (Académie des Sciences), Secrétaire de la Société Royale et centrale d'Agriculture, à Paris.

M. Vallot, Docteur en médecine, à Dijon.

1803. 19 Février. M. Protat, Docteur en médecine, à Dijon.

16 Avril. M. Isabey, Peintre, à Paris.

M. Jadelot, Docteur en médecine, à Paris.

M. Lacretelle jeune, Membre de l'Institut (Académie française), à Paris.

M. le Marquis de Pastoret, Membre de l'Institut (Académie française), à Paris.

10 Décemb. M. le Baron de Ladoucette, Membre de la Chambre des Députés, à Paris.

1804. 3 Mai. M. Devèze, Docteur en médecine, à Paris.

1805. 23 Mars. M. Durand, ancien Recteur, à Amiens (Titulaire jusqu'en 1806).

6 Juillet. M. Michel Berr, Littérateur, à Paris (Titulaire depuis le 14 Décembre 1806 jusqu'au 14 Janvier 1814),

1806. 8 Février. M. Gueneau d'Aumont, Professeur à la Faculté des sciences de Dijon (Titulaire jusqu'au 14 Décembre 1809).

8 Mars. M. Biot, Membre de l'Institut (Académie des Sciences), à Paris.

M. de Labouïsse-Rochefort, Littérateur, à Castelnaudary.

30 Avril. M. Brisseau de Mirbel, Membre de l'Institut (Académie des Sciences), à Paris.

12 Juillet. M. Belin, Censeur des Études au Collége Royal de Charlemagne, à Paris (Titulaire jusqu'en 1807).

M. Rochard, Professeur honoraire de la Faculté de Médecine de Strasbourg, à Meaux.

22 Novemb. M. le Comte de Vaublanc, ancien Ministre d'État, à Paris.

1807. 12 Mars. M. Delarue, Pharmacien, à Évreux.

10 Décem. M. Denis père, ancien rédacteur du Narrateur de la Meuse, à Commercy.

1808. 25 Mars. M. Lemazurier, Littérateur, à Paris.

10 Novem. M. Bouvenot, Docteur en médecine, à Paris.

1810. 12 Juillet. M. Mathieu de Dombasle, Correspondant de l'Institut (Académie des Sciences), Directeur de la Ferme-modèle, à Roville (Meurthe).

1811. 7 Mars. M. Mougeot, Docteur en médecine, à Bruyères (Vosges).

4 Avril. M. le Baron Desgenettes, Inspecteur-général du Service de santé, à Paris.

4 Juillet. M. Bertier, Propriétaire, à Roville (Meurthe).

12 Décem. M. Gergonne, Recteur de l'Académie de Montpellier.

1812. 23 Mai. M. Pariset, Secrétaire perpétuel de l'Académie Royale de Médecine, à Paris.

20 Août. M. Thiébaut de Berneaud, Secrétaire perpétuel de la Société Linnéenne, à Paris.

1813. 24 Juin. M. Azaïs, Littérateur, à Paris (Titulaire jusqu'au 8 Juillet 1815).

1er Juillet. M. Girard, Docteur en médecine, à Lyon.

1814. 5 Mai. M. Villaume, Chirurgien en chef de l'hôpital militaire d'Instruction, à Metz.

1815. 27 Juillet. M. CHARLES BOTTA, Docteur en médecine, Poète et Historien, à Paris.

1816. 11 Janvier. M. GUILBERT DE PIXERÉCOURT, Littérateur, à Paris.

29 Août. M. GÉRARDIN, Docteur en médecine, à Paris.

14 Novem. M. DEPPING, Littérateur, à Paris.

5 Décemb. M. HURTREL D'ARBOVAL, Commissaire spécial pour les Épizooties du Pas-de-Calais, à Montreuil-sur-Mer.

M. MOREAU DE JONNÈS, Correspondant de l'Institut (Académie des Sciences), à Paris.

1817. 6 Mars. M. BOTTIN, ancien Secrétaire général de Préfecture, à Paris.

M. SÉGUIER, ancien Préfet, à Saint-Brisson (Loiret). (Titulaire jusqu'au 30 Avril 1820).

15 Avril. M. GUÉPRATTE, Professeur de Mathématiques, à Brest.

13 Novem. M. WARDEN, Correspondant de l'Institut (Académie des Sciences), à Paris.

1818. 11 Juin. M. le Chevalier DE MERCY, Docteur en médecine, à Paris.

1819. 1er Juillet. M. BOUCHARLAT, Professeur de Mathématiques et Littérateur, à Paris.

1820. 20 Avril. M. DESNANOT, Recteur de l'Académie de Clermont.

9 Novemb. M. HERPIN, Docteur en médecine, à Paris.

7 Décemb. M. GEORGE, Secrétaire de l'Académie de Besançon (Titulaire depuis le 5 Février 1829 jusqu'en Octobre 1833).

M. le Vicomte ALBAN DE VILLENEUVE-BARGEMONT, ancien Préfet (Titulaire jusqu'au 11 Octobre 1824).

1821. 1er Février. M. DE THIERIET, Professeur à l'École de Droit de Strasbourg (Titulaire jusqu'en Septembre 1830).

15 Mars. M. Fée, Professeur de Botanique à la Faculté de médecine de Strasbourg.

7 Juin. M. Albert-Montémont, Littérateur, à Paris.

M. Dufeugray, ancien Préfet, à Paris.

5 Juillet. M. Jollois, Ingénieur en chef des Ponts et Chaussées, à Orléans.

1822. 29 Août. M. Gaultier de Claubry, D.r en médecine, à Paris.

M. de Roguier fils, Conseiller auditeur à la Cour Royale de Nancy.

M. Villermé, Docteur en médecine, Membre de l'Institut (Académie des Sciences morales), à Paris.

5 Décemb. M. Devère, Chef de Bataillon en disponibilité, à Paris.

M. Lévy jeune, Professeur de Mathématiques, à Rouen.

1823. 17 Avril. M. Monfalcon, Docteur en médecine, à Lyon.

4 Décemb. M. Thomas, Docteur en médecine.

1824. 22 Avril. M. Rapou, Docteur en médecine, à Lyon.

8 Juillet. M. Deshayes, Docteur en médecine et Naturaliste, à Paris.

2 Décemb. M. le Marquis de Foresta, ancien Préfet (Titulaire jusqu'au 15 Février 1828).

1825. 6 Janvier. M. Demangeon, Docteur en médecine, à Chamagne près de Charmes (Vosges).

14 Juillet. M. Alexis Donnet, Ingénieur-Géographe, à Paris.

M. Gabriel Rolin, ancien Inspecteur des Forêts du Prince de Condé, à Guise (Aisne).

1.er Décem. M. Vetland, Inspecteur primaire de la Moselle, à Metz.

1826. 2 Février. M. Leuret, Docteur en médecine, à Paris (Titulaire depuis le 5 Avril 1827 jusqu'en Octobre 1828).

M. Lassaigne, Professeur de Chimie à l'École vétérinaire d'Alfort.

23 Février. M. le Baron d'Hombres-Firmas, Propriétaire, à Alais.

20 Avril. M. Soulacroix, Recteur de l'Académie de Lyon (Titulaire jusqu'au 8 Novembre 1832).

5 Mai. M. le Comte Maurice de Caraman, Maréchal de Camp, à Paris.

1er Juin. M. Denis fils, Docteur en médecine, à Commercy.

3 Août. M. le Baron du Coetlosquet, ancien Sous-Préfet, à Metz.

M. Nicot, Recteur de l'Académie de Nîmes.

1827. 2 Août. M. Collard de Martigny, Substitut du Procureur général, à Nancy.

M. Saphary, Professeur de Philosophie au Collége Bourbon, à Paris.

1828. 7 Février. M. Charles Malo, Littérateur, à Belleville près de Paris.

6 Mars. M. Des-Alleurs, Docteur en médecine, à Rouen.

3 Avril. M. César Moreau, Directeur de l'Académie de l'Industrie, à Paris.

24 Avril. M. Le Roy d'Étiolle, Docteur en médecine, à Paris.

19 Juin. M. le Comte Louis d'Allonville, ancien Préfet, à Maroles près de Grosbois (Seine-et-Oise) (Titulaire jusqu'au 5 Août 1830).

1829. 8 Janvier. M. Henrion, Avocat à la Cour Royale de Paris.

5 Février. M. Bonnaire-Mansuy, Naturaliste, à St.-Mihiel.

2 Avril. M. Constant Saucerotte, Docteur en médecine, Professeur au Collége de Lunéville.

4 Juin. M. de Garaudé, Professeur au Conservatoire Royal de Musique, à Paris.

12 Novem. M. Jourdain, Médecin en chef de l'Hôpital militaire de Colmar.

1830. 7 Janvier. M. Léonard Chodzko, Historien, à Paris.

4 Février. M. Guillaume, Littérateur, à Besançon.

13 Mars. M. Gatien-Arnoult, Professeur de Philosophie à la Faculté des Lettres de Toulouse (Titulaire jusqu'en Novembre 1830).

1832. 2 Février. M. Berger de Xivrey, Littérateur, à Paris.

M. Chervin, Docteur en médecine, à Paris.

M. Girardin, Professeur de Chimie, à Rouen.

6 Décemb. M. Huot, Géographe et Naturaliste, à Versailles.

1833. 3 Avril. M. Perron, ancien Professeur de Philosophie, à Paris (Titulaire jusqu'en Septembre 1834).

1834. 6 Février. M. Ajasson de Grandsagne, Littérateur, à Paris.

M. Richard des Vosges, Bibliothécaire de la Ville, à Remiremont.

6 Mars. M. le Comte Adolphe de Montureux, ancien Aide-de-Camp, à Arracourt (Meurthe).

22 Mai. M. Henri Boulay de la Meurthe, Avocat à la Cour Royale de Paris.

4 Décemb. M. Stiévenart, Professeur de Littérature grecque à la Faculté des Lettres de Dijon.

1835. 26 Mars. M. de Saulcy, Professeur-adjoint d'artillerie et de mécanique à l'École d'Application de Metz.

M. Docteur, Littérateur, à Raon-l'Étape (Vosges).

6 Août. M. Bouillet, Géologue, à Clermont-Ferrant.

3 Décemb. M. Lair, Docteur en médecine, Conseiller de Préfecture, à Caen.

M. Jullien de Paris, Littérateur, à Paris.

1836. 7 Avril. M. Haxo, Docteur en médecine, à Épinal.

ASSOCIÉS ÉTRANGERS.

1803. 16 Avril. M. Hermann, Professeur d'Éloquence et de Poésie, à Leipsick.

1807. 9 Juin. M. Henry, Professeur de Minéralogie, à Jéna.

1817. 11 Décemb. M. Roman, Lieutenant-Colonel du génie, à Valladolid.

1820. 13 Janvier. M. Humbert, Professeur d'arabe, à Genève.

9 Novemb. M. Ranzani, Professeur d'histoire naturelle, à Bologne.

1822. 14 Novem. M. de Blaramberg, Conseiller d'État, à Odessa.

M. de Stempkovski, Colonel au Service de Russie, Correspondant de l'Institut (Académie des Inscriptions), à Odessa.

1823. 28 Août. M. Robley Dunglison, Docteur en médecine, à Charlottesville (Virginie).

1825. 1er Décem. M. Peschier, Docteur en médecine, à Genève.

1826. 5 Janvier. M. Savaresi, Docteur en médecine, à Naples.

1827. 30 Août. M. Hamont, Médecin-Vétérinaire, au Caire.

1828. 3 Janvier. M. le Chevalier de Kerckhove, dit de Kirckhoff, Docteur en médecine, à Anvers.

3 Avril. M. La Roche, Docteur en médecine, à Philadelphie.

19 Juin. M. le Baron de Stassart, ancien Préfet, à Bruxelles.

1829. 8 Janvier. M. Heyfelder, Docteur en médecine, à Trèves.

3 Décemb. M. Gloesener, Professeur de Physique, à Liége.

1834. 18 Décemb. M. Van Honsebrouck, Docteur en médecine, à Anvers.

1835. 8 Janvier. M. André Deluc, Membre de l'administration du Musée académique, à Genève.

M. Quetelet, Directeur de l'Observatoire, à Bruxelles.

26 Mars. M. Carmoly, Grand Rabbin de Belgique, à Bruxelles.

1836. 10 Mars. M. le chevalier Antinori, Directeur du Musée d'Histoire naturelle et de Physique de Florence.

M. Silvio Pellico, Littérateur, à Turin.

9 Juin. M. de Candolle, Directeur du jardin de Botanique de Genève.

M. Fischer, Directeur du Jardin Impérial de Botanique de St.-Pétersbourg.

TABLE DES MATIÈRES.

Séance publique du 15 Avril 1836, sous la présidence de M. le marquis de VILLENEUVE-TRANS.

Mémoires dont la Société a voté l'impression.

FIN DE LA TABLE.

PLANCHE I.

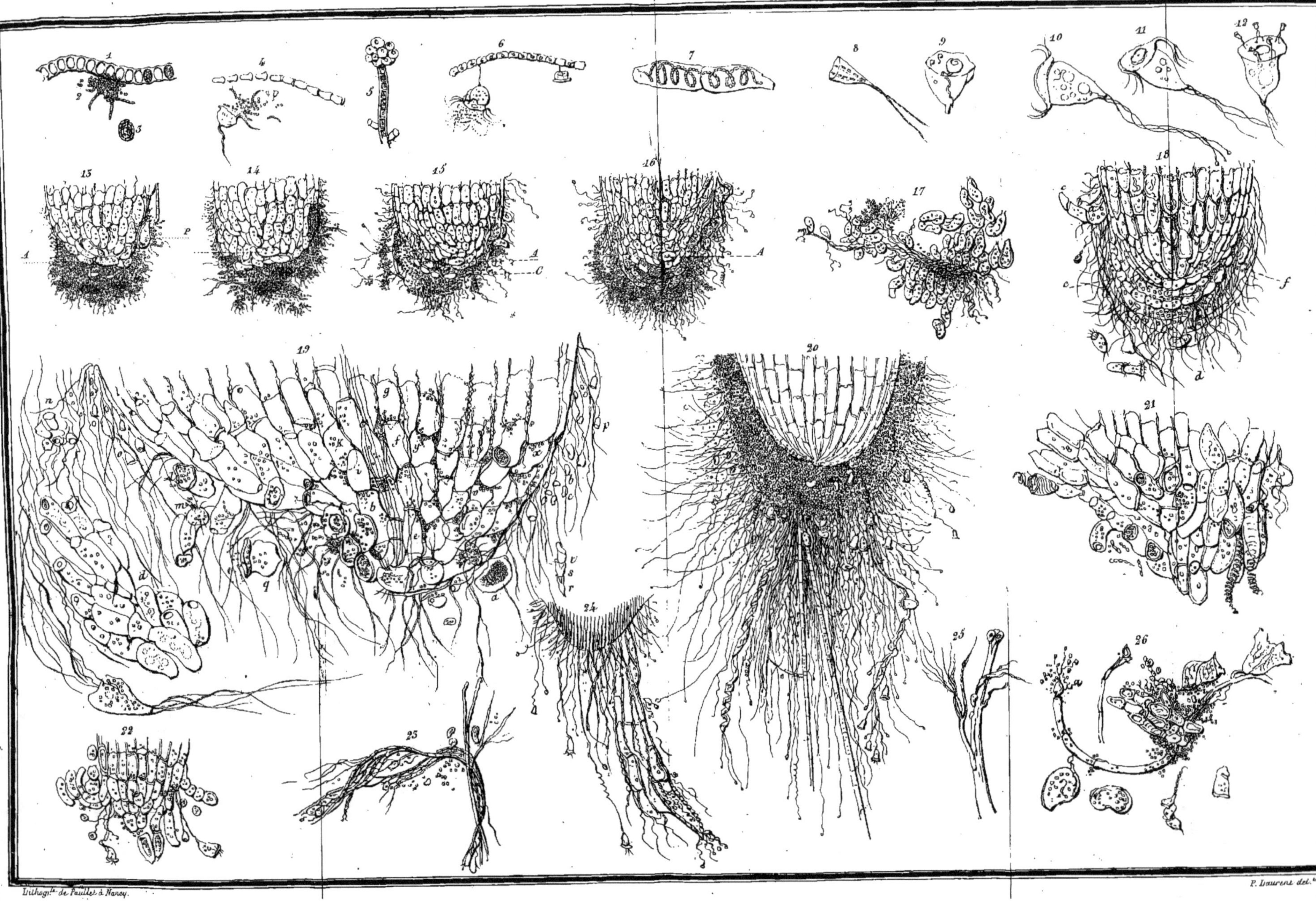

Lithogr.[ie] de Paullet à Nancy.

P. Laurent del.[it]

Pl. II.

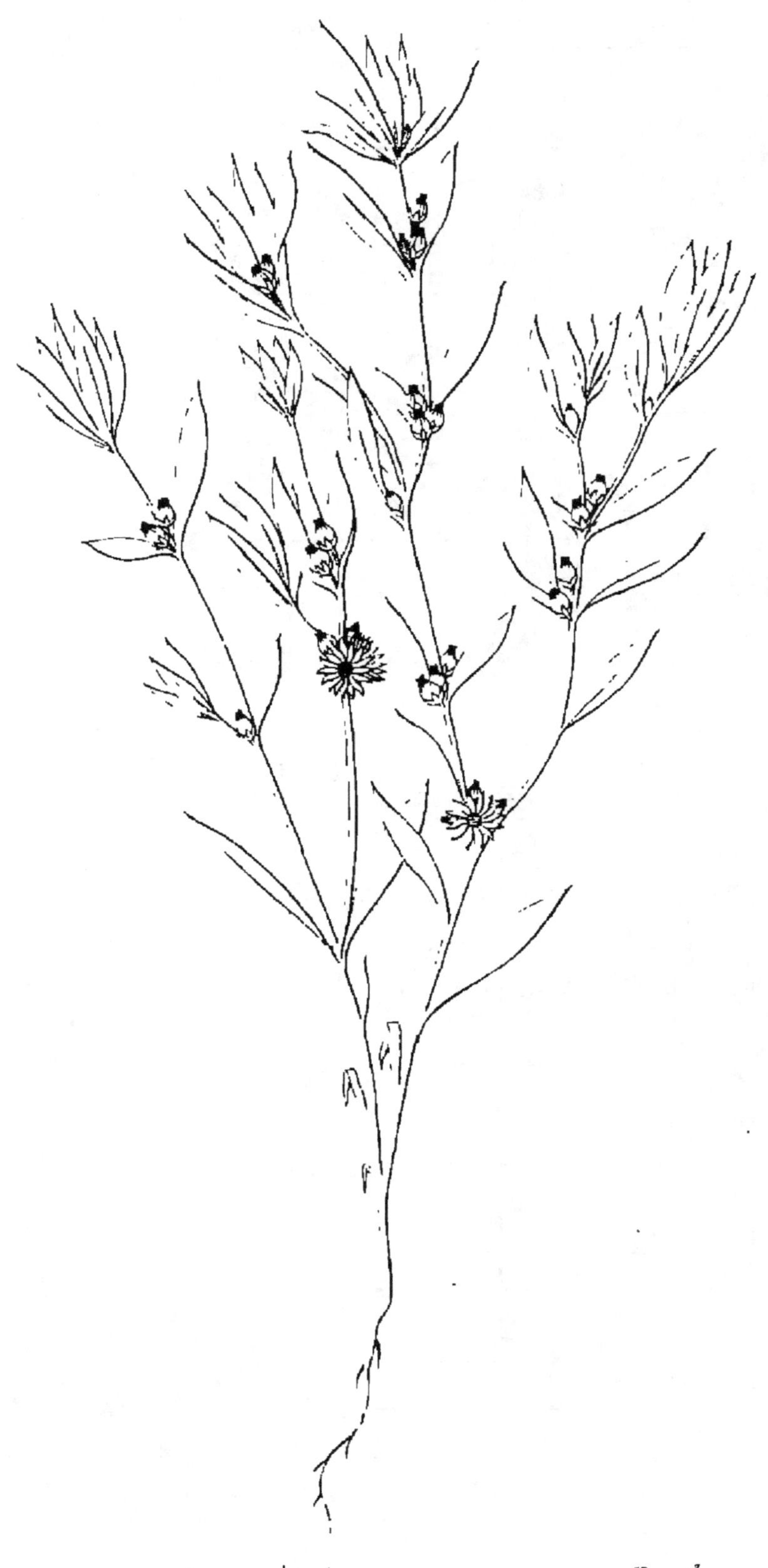

Gnaphalium neglectum Nob.

Soyer-Willemet del. Nancy imp. de Raimond Raimond Sculpt

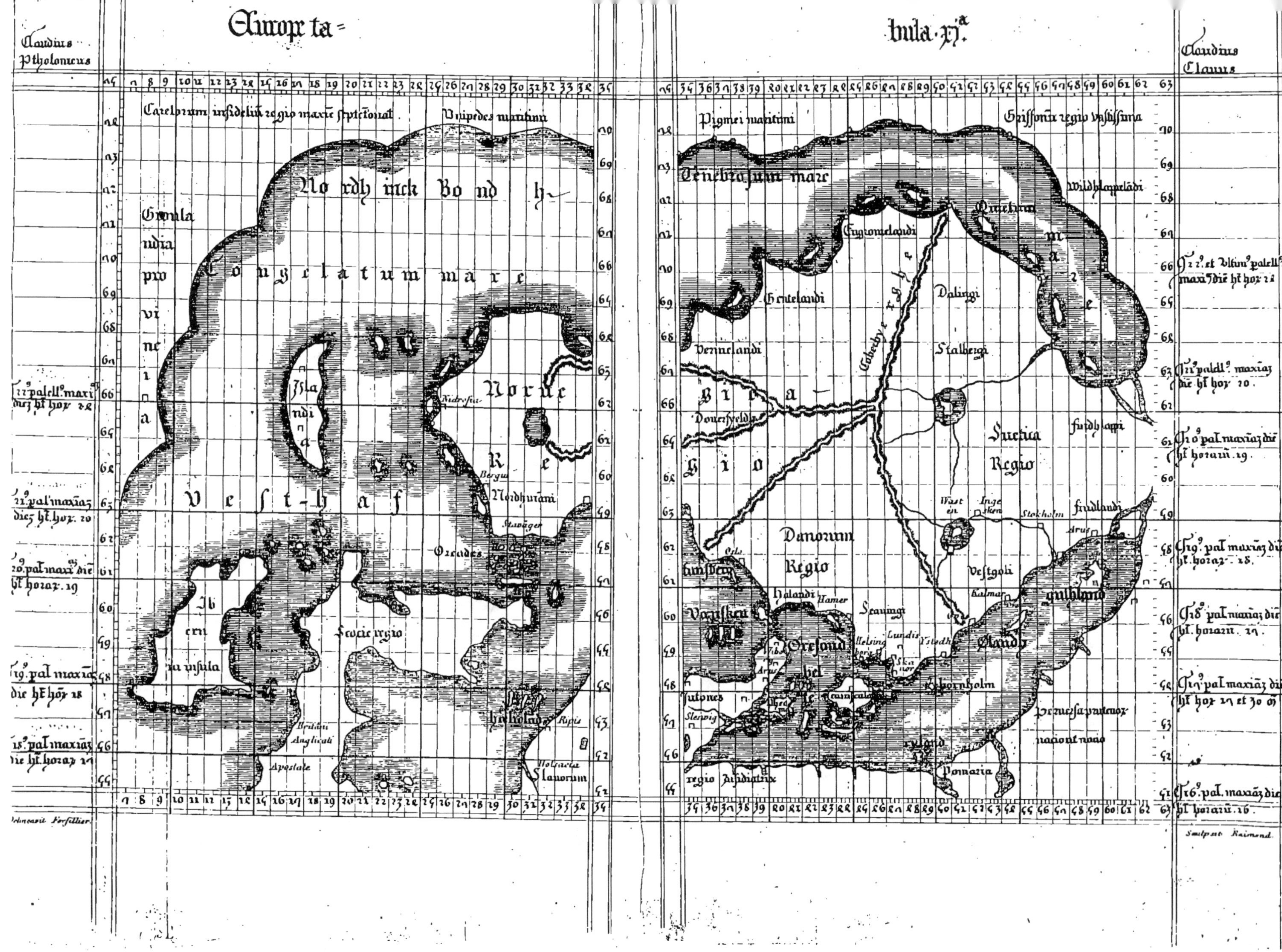
Europe ta=
bula xi.a
Claudius Ptholomeus
Claudius Clauus
Carelorum infidelium regio maxime septentrionalis
Vnipedes maritimi
Pigmei maritimi
Griffonum regio vastissima
Nordhimck Bondh
Congelatum mare
Grenlandia provincia
Islandia
Norueg Regio
Vest-haf
Orcades
Nidrosia
Bergis
Nordhuiam
Stavager
Scocie regio
Ibernia insula
Britania Anglicana
Apostate
Holsatia
Slauorum
Tenebrosum mare
Wildlappeladi
Gruntlandi
Helelandi
Dalingi
Verrnelandi
Stalbergi
Gothia
Douerfyeld
Suecia Regio
Findlappi
Danorum Regio
Vestgoti
Stokholm
Kalmar
Finlandi
Gutland
Oslo
Halandi
Scaningi
Oresund
Lundis
Ystadh
Bornholm
Olandi
Jutones
Slesvig
Pomaria
regio Iudicitrix
Ieruessa paganorum
nationum
12. pal. maxime dies ht. hor. 22
21. pal. maxima dies ht. hor. 20
20. pal. maxi. die ht. horar. 19
19. pal. maxima die ht. hor. 18
15. pal. maxima die ht. horar. 17
22. et ultim. palell. maxi. die ht. hor. 22
21. palell. maxima die ht. hor. 20
20. pal. maxima die ht. horarum. 19
19. pal. maxima die ht. horar. 28.
18. pal. maxima die ht. horarum. 17.
17. pal. maxima die ht. hor. 17 et 30 m
16. pal. maxima die ht. horarum. 16.
Delineavit Forsillier.
Sculpsit Raimond.

P

MARE GLACI
ASIA
INDIA
AETHIOPIA
SINVS MAGNVS
APHRICAE
OCEANVS INDICVS
MARE INDICVM
MAREDIONALIS
ORIENTALIS
CAPRICOR
OCEANVS
ARIES
TAVRV
GEMINI
CANCER
LEO
VIRGO
BACCALAVM
PELAGVS
OCCIDVS
OCEANVS
MARE ATLANTICVM
TROPICVS CANCRI
CATHAYVM
HISPANIA
NOVA
AVSTRALE
SCORPIO
SAGITTAR
CAPRICORN
TERRA FIRMA
NOVA
AMERICA
PISCES
ORBIS PARS
AQVARIVS
TROPICVS
OCEANVS INDICVS
MAGELLANNICVS
MARE PACEFICVVM
OCEANVS
LIBRA
SCORPIO
SAGITTA
CAPRICO
AQARIVS
PISCES

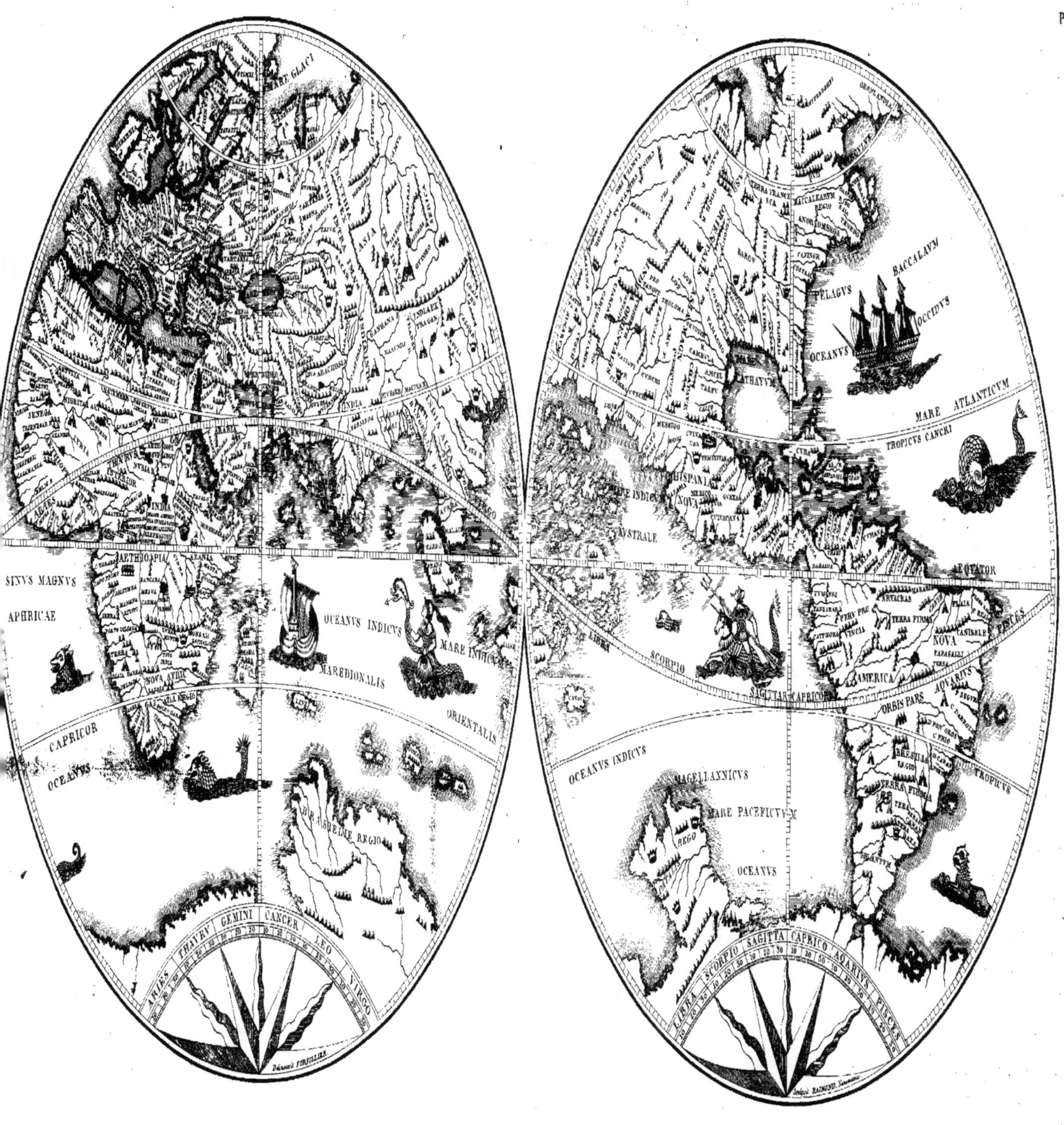

www.ingramcontent.com/pod-product-compliance
Lightning Source LLC
LaVergne TN
LVHW082353160826
845678LV00008B/1828
* 9 7 8 2 3 2 9 7 6 6 4 7 8 *